本田宗一郎

やりたいことをやれ

PHP研究所

やりたいことをやれ

【目次】

【第一章】　まず第一歩を

【第二章】　得手に帆あげて

【第三章】能ある鷹はツメを磨け

【第四章】　自分のために働け

【第五章】 幸福な報酬

【第六章】 私の〝宝物〟

【第七章】　時間はすべての生命である

【第八章】　冗句はアイデアである

【第九章】　喜びを求めながら生きる

【第十章】　発明は恋愛と同じ

この作品は、一九八五年にＰＨＰ研究所から刊行された
『本田宗一郎「一日一話」』を改題し、再構成したものです。

第一章

まず第一歩を

まず第一歩を

人間が進歩するためには、まず第一歩を踏み出すことである。ちゅうちょして立ち止っていては駄目である。なぜなら、そこにどんな障害があろうと、足を踏み込んではじめて知れるからだ。失敗は、その一歩の踏み込みだと思う。前進への足跡だと思う。

わが国には「サルも木から落ちる」という言葉がある。慢心とか油断へのいましめである。心のゆるみだが、このための失敗には、私は寛容の心を持ち合わさない。なぜかといえば人間に許される失敗は、進歩向上をめざすモーションが生んだものだけに限るのだと思うからだ。しかし、私は猿が新しい木登り技術を学ぶために、ある試みをして落ちるなら、これは尊い経験として奨励したい。

人は給料でばかり働くのか

人間、給料でばかり働くと思ったら大間違いですね。やはり、意気に感じるというところがある。たとえていうなら、うちの運動会でボクは赤組に入って綱引きをやった。ボクからすれば、赤が勝とうが白が勝とうが関係ないんですよ、どうせうちの人間同士でやってんだから。ところが、赤の帽子をかぶっただけでね、一生懸命引っぱるでしょう。次の日、腰が痛くてね。あしたの朝まで腰が痛いなんていう仕事したことないですよ、カネじゃね。

だから私は給料で働いていると思ってる人は気の毒だな。人間、気のもんだといいたい。そういうものが積もり積もって、いろんな問題を解決していくんじゃないかな。

今日より明日、明日より未来

仕事は、つねに新しくならなければならないし、どんな仕事でも新しい目で取り組むことができるものである。私にとって、いまでもホンダの工場を訪れることは楽しみなことだ。なぜなら訪ねるたびに何かが変わり、何かが起こっているからである。

ラインを歩いている私に、若い従業員が「ここは、こう変えました。こんなふうに効率的になり、働きやすくなりました」などと声をかけてくれる。彼らの表情はいきいきとしていて、決して機械に使われている人間の顔ではない。みんなが、今日より明日、明日からはまたその先の未来へと進んでいく可能性をそれぞれに追求しながら、仕事に取り組んでいるからだろう。

便所に落ちた入れ歯

あるとき外人のお客さんが来て二人で飲んだ。ぼくのほうが強くて、奴さん一人で寝ちゃって夜中にゲロ吐いた。女中がそれを洗面器に受けて便所にこぼしちゃったんですね。翌朝、外人が入れ歯がないって大騒ぎ。さァ、困った。昔のつくりの便所だから、誰かに入ってもらって取ればいい。しかし待てよ、いちばんいやなことをやってみせるのも必要だ。おれがやるべきだ——。

そこで裸になって入って、そおっと探ったら、カチッと手に当たった。きれいに洗って消毒して、ぼくの口にあててみて、大丈夫、臭いもしないよと、もう一度洗って外人に渡してやった。みな目をむいて驚いていたけど、ぼくはそういうこと平気でやってみせるんだ。

二種類の自己弁護

人間は、自分の中に検事と弁護士と判事を一人ずつかかえて生きている。だから、自己弁護にも二つの種類があるのではないだろうか。ひとつは、自分の一生をより大きく開花させていくための、大きな自己主張的な自己弁護であり、あとひとつは、いわゆる弁解じみた、消極的な、かなしい自己弁護である。

ビジネス社会、会社や役所など組織の世界は、自己弁護がたいへんさかんなところではなかろうか。他社や他人の悪口なども自己弁護であるし、はじめから終わりまで自己弁護で終始する会議なんかもありそうだ。それらはほとんどが後ろ向きのものであるだろう。自己弁護とは、あくまで人の向上心の基本でなければならない。

勝つことの意味

競争のあるところ、必ず首位にたつものがあらわれる。首位が生まれる過程はいろいろだが、いずれにしても、トップに立ってからがほんとうの勝負である。

たしかに、自由で実験的なアイデアの試みや、新しいオリジナルなものへの挑戦も、首位だからこそ悠々とやれるということはある。しかし、これはあくまでもトップをいくものの物の考え方がしっかりしていて、自らをリフレッシュするという自覚のもとになされなければ、単なる勝者のおごりになってしまうだろう。

勝つことの意味は、首位優先の原則のもとで、大きな理想を実現していくことにあるのではないだろうか。

若さと良識

若さには特権がある。しかし、若いんだから何をやってもよいということはない。社会を維持するための法や秩序を守らなければならないことは当然だが、自分の自由が尊重されるためには、他人のそれを尊重することが必要である。

権利を自覚して、義務をはたすことが民主主義の基本なのだ。つまり、どんな行動にも責任が伴うということである。過ちの理由を絶対に他に求めてはだめだ。どんな場合でも、自分の行動は自分の意志で決定する。こうした基本的な考えを身につけたところに、行動の自由の限界を悟る良識が生まれるのである。良識の伴わない「若さ」は、ときとして野獣の牙にもなりかねない。

渋茶一杯で決めた

オートバイの量産工場を建てるのに、いくつかの有力な候補地があったのだが、いずれも帯に短しタスキに長しだった。随分あちこち見て歩きましたよ。ある時、愛知県の某市にいったら、知事や市長が大騒ぎで出迎えて、われわれを立派な料理屋へ連れていって、宴会をはじめてしまい、肝心の工場用地の話は後回しにされちゃったんだ。「こりゃ目的が違うじゃないか」って、副社長と二人であきれましたね。

そんな中、鈴鹿市を訪ね、一目見てその場で工場誘致を決断した。鈴鹿市がなぜ気に入ったかといえば、そういうくだらない接待をまったくやらなかったからなんです。出たのはなんと渋茶一杯。お菓子の一つも出なかった。

うかうかしていると

現代は日進月歩の時代で、新しい技術が次々と生まれては消えていく。「工員のくせに勉強などする必要はない」という人がいるが、これからは技術者であると同時にいつも時代のすう勢を見きわめる経営者の才能を備えた人でなければ、事業を進めることは不可能である。自分は技術者だ、自分は工員だといってはいられないのだ。これは、営業マンも同じである。

ラジオ、テレビ、映画、読書、そして職業の違う多くの人たちとの交際、すべてが勉強である。自分の知識を与えるかわりに、人にも知識をわけてもらう努力をすることが、これからはますます大切だと思う。うかうかしていると、社会にも仕事にもとり残されてしまうだろう。

内助の功

私は商売のことは女房には一切相談しないけれども、商売にからむ二次的な問題で苦しんだりすると、女房に相談するんです。「この人とおつき合いしていいものかな」なんて。私は技術のこと以外は知らないで育ったから、そういう時は、女は女としての見方を話してくれ、大いに参考になりますね。

女房というのは面白いですよ。私なんかさんざん悪いことをして泣かせましたから、長い間、耐えて耐えて、ちゃんと細かいところまで見ているので、亭主のことは全部知っていますね。だから私自身に関することで女房のいうことは、わりあい的を射ていて間違いない。私はそう信じています。

ガラスまでつくる

やろうと思えば人間はたいていのことができると私は思っている。本田技研の創立の頃は、焼けただれたような機械を持ってきて再生するところから始めた。ピストン・リングをつくっていた頃は、分析用の器具が買えないので、製作している工場に通い、器具をみな自分でつくったりした。資金がないということは、結局自分で何でもやるしかないということで、私はそのとおりにしたまでだ。

工場を建てる時も、私は自分でコンクリートをつくった。工場は一応できたが窓ガラスがない。それもつくろうというので、割れたガラスを集めてきて釜で溶かし凸凹のガラスだったがともかくもできあがった。資金の足りない分は、知恵と労力で補えばいいのである。

仲間意識こそ

私は、人間の能力・資質が描くカーブは、だいたい富士山のような形をしていると思っている。レベルの高い人はきわめて少なく、平凡な人たち、つまり裾野にあたる人たちは無限に多く広い。このことは、どんな国でもどんな社会でも、あるいは企業においても同じであろう。

国家や社会が、活力を失うことなく、その繁栄を維持し、存続していくためには、あるいは、企業が発展し続けるためにはどうしたらよいか。それは、能力や資質がさまざまに異なる人々が、どの程度、共通の目標のもとに一緒に努力を傾けるかにかかっている。平等な感覚、仲間意識といったものが、企業、社会、国家においてどれほど大切であるかということを私はいいたい。

恋愛と技術

人間というのは機械ではない。何事も、一つの情というものを入れて見ないと、人間らしさが失われてしまう。

人の情というものは、恋愛したことのある人とない人では、まるで違うと思う。それが人柄の面でいろいろと反映されてくるんだ。恋愛というのは、男女の心と心のつき合いでしょう。それによって人間としての幅が出て、人の気持ちがよく分るようになる。そういうものが、われわれの仕事の中でも必要なんだ。技術というと徹頭徹尾これは理論ではある。しかし、その中に物の哀れさとか、大切さとかいうものをもって取り組まないと、長持ちするいい技術が生まれてこない。人情に根ざす部分が大いにあるということだ。

手を握る

ほんとは、現職にいるとき、うちの社員と名のつく人に全部会って握手してやりたかった。社長を辞めて、やっとその念願を果たすことができた。日本国内で七百カ所、回るのに一年半かかったよ。それから海外の駐在員のところを飛行機で回った。それも半年かかったもんだ。

うちの社員でありながら、オレの顔を見たことがないのが大勢いるんだ。ことに地方の出張所や、ＳＦというサービス機関の社員とかね。一人ひとり手を握ったんだ。オレは涙が出た。むこうの若い連中も泣いたよ。けど、オレは士気を鼓舞するなんて気じゃない。自分が嬉しいからやるんだ。オレは社長を辞めて、やっと人間らしいものにいきあったよ。

深くて巨大な溝

　現代は江戸時代でもなければ、明治時代でもない。経営であろうと政治であろうと、地球的尺度で考えなければならない時代である。そんな時代に、三代目社長だの、親父の地盤を伜が継いだだの、と聞くと、株主や選挙民をバカにするのもほどほどにしやがれと怒鳴りたくなる。

　問題は、これを理屈で理解することと、実践することの間に、深くて巨大な溝が存在している事実だ。この溝は、浮世のしがらみや、義理や人情や、習慣や不文律や、暗黙の了解などによってできている。これを埋めなければ世の中は進んでいかないのに、たいていの人は、それが分っていながらいざスコップを持つと遠慮してしまうのだ。

人の心を知る

これまでの科学技術者は、とかく視野を自分の研究対象あるいは仕事にだけ向けて、人間を理解するための観察や、追求には目を向けようとしなかった。私はこれではいけないと思う。

なぜかといえば、科学技術者といえども、どだい最終的には人間のためにという課題を背負っているのである。たとえ基礎理論の研究・実験をやっていても、これはいえる。まして商品を生産するメーカーの立場なら、これは実に切実な問題であるはずだ。商品は人間を相手にする。買ってくれる客は人間なのである。人間の心を理解し、喜怒哀楽を理解し、不満や希望を知らなければ、大衆に受け入れられる商品を、創造し生産することはできないはずである。

大衆は批評家である

市場調査は、ある意味で有効だと思う。たとえば、既成の製品の評判を探ろうという場合である。だからといってそれを基礎に改良品を出して売れるかといえば、それは判らない。ましてや独創的な新製品をつくるヒントを得ようとしたら、市場調査の効力はゼロとなる。大衆の知恵は、決して創意などは持っていないのである。大衆は作家ではなく批評家なのである。作家である企業家が、自分でアイデアを考えずに、大衆にそれを求めたら、もう作家ではなくなるのである。

大衆が双手を挙げて絶賛する商品は、大衆のまったく気のつかなかった楽しみを提供する、新しい内容のものでなければならない。大衆に求められるのは、世にあるものの批評だ。

時間と人間

人類の文明というものは、こと時間に関しては、常に前進しつづけて後退することがない。

錬金術とならんで、人類は古くから不老長寿の薬を求めてきた。人生の持ち時間をより長く快適なものにするための努力をし、我慢をする。こういう生命と時間の関連のほかに、人類はべつな時間の管理方法、つまり時間と空間の相対化をはかってきた。

時間と空間の相対化というのは、私たちがより安定した快適なスピードを手に入れることによって自分たちをとりまく活動圏をより広くし、時間的にはより狭くしているということだ。このように、こと時間に関しては貪欲なほど積極的に前進しているのだ。

馬鹿にせず、馬鹿にされず

私自身の歴史でいうと、三十八歳で終戦を迎え、本田技研工業を設立したのが四十一歳。

それから二十四年間、日本経済の成長とともに、自動車工業も隆盛の一途をたどったが、国際化の波の中で、再び変貌をとげなければならない時代を迎えていた。

今こそ、積極的に若い人に席を譲るべきだと思い、六十六歳で引退。当時の副社長藤沢武夫との会社経営二人三脚の旅は終わった。

根っからの技術屋である私には、若い世代に残すような特別の言葉は持ち合わせていない。強いていえば、人を馬鹿にせず、人に馬鹿にされず、七十八年間、それでやってきた。

得意の分野でさえ

私は生まれてこのかた、不得意な分野に手をそめてこなかった。会社でも、藤沢武夫という一〇〇パーセント信頼できるパートナーを得て、営業の仕事などはそっくり任せきり、その意見をよくきき、取り入れながら、私は得意なことに専念したのである。

一パーセントの成功のため、得意な分野でさえ九九パーセントのつまづきを経験した。

私のように得意なことを一途にやっても、つぶれかけることがあるのだ。不得意な分野に手を出して失敗するのも当然かもしれない。

働く人たちに安心感を

私のいわゆる企業家精神から見たら、日本の現状は不満だらけですよ。なぜかといえば、もとが正しくないのよ。総理大臣や代議士っていうのが国民に責任もってるとはいえない面があるんだね。

総理大臣というのは偉いんだが、総理大臣の役目を果たさなきゃ偉くないんだ。

それから、もうひとつ私がいいたいのは、働く人たちに安心感を与える行革でなければならないということ。これは手を真黒にして働いてきた人間としての私の実感です。

行革の効率をあげるためには、実際に働いている人の気持ちや誇りを傷つけない配慮が大事だと思いますよ。

競争してこそ伸びる

国の保護を受けたものでいいものは一つもない。結局は、自分が苦労しなけりゃダメなんだ。通産省の保護すれば育つんだ、という考え方はまちがいだと思うな。子どものうちなら保護してもいい。大学を出てからも保護してたら、いいわけがないよ。

いつまでも保護されてるから、向こうのデザインを使うとか、向こうのまねをしがちになる。独創性がなかなか育たない。日本は競争したら本気になるんだ。過当競争でも競争すべきだと、つくづく思う。

アメリカの自動車メーカーを見ても、いまはビッグ・スリーなんていってるけど、昔は二百近いメーカーがあった。その中から残った三つだから、強いですよ。

悪い子について

私はいまの学校で、だめな子といわれて差別され、ずるずると落ちこぼれていく勉強ぎらいな子どもたちに同情する。自分が悪童だったときのことを考えると、あんなに教科が少なくて内容が単純でも、勉強がいやだったのだから、いまのように覚えなければならないことを山のように用意された子どもたちを、心から気の毒に思うのである。

だいたい悪い子とは、どういう子をさしていうのだろうか。悪くなるためにも一種の能力がいるし、単純なヤツほど勉強する、ということもいえるのである。仮性的な悪い子を、真性の悪い子にしてしまわないためには、差別をしないということが、最も大切なことだと思う。

幸福を技術で具現化する

私は昭和五十五年、ホーリーメダルを受章した。その授章式での記念の講演で、私はつぎのようなことを話した。それは今日も、ホンダの社是の中に生きているもので、

一、社会的視野で仕事を進める
一、より廉価で優れた性能の商品を社会に提供する
一、失敗を恐れず、勇気をもって新たなるチャレンジを繰り返す
一、実証を重んじ、社会のニーズに応える

という私の信念を表わした話である。終わりに、「人間の幸福を技術によって具現化するという技術者の使命が私の哲学であり、誇りです」と結んだが、これは私の正直な感想であった。

第二章　得手に帆あげて

得手に帆あげて

人生は「得手に帆あげて」生きるのが最上だと信じている。だから今でも機会があると、若い人に得意な分野で働けといっている。

会社の上役は、下の連中が何が得意であるかを見極めて、人の配置を考えるのが経営上手というものだ。社員の方も「能ある鷹は爪をかくさず」で、自分の得手なものを上役に申告することだ。自分が楽しみながら働くためには当然のことだと思う。

そのためには一刻も早く自分の得手なものを発見しなくてはいけない。また自分の得手なものをつかめない人にとっては、職業適性等の診断テストを利用したり、また自分の周囲にいて絶えず見守っている両親や、教師の見解を参考にするのもよいと思う。

絵のなかの科学

あるとき、北国の春という名の絵が出ているのを見て、北国じゃないじゃないか、この絵にはうそがあるなと思ったことがあった。

北国の山の木は、雪を受けるので、苗のときに雪で一度倒されて、いったん曲がったかたちで伸びていく。

雪のないところで育ったまっすぐな木とはちがっているのだが、その絵にかかれていた木には北国らしさがまるでなかった。

そういう理屈でいくと、プロの絵かきのかいた作品にも、ときどきいいかげんなものがある。

絵をかくにも、科学的な知識やものの見方を働かすことが必要だと思う。

若い人たちのほうが偉い

年寄りは、とかく「今の若い者は……」としぶい顔をする。しかし「今の若い者は……」と批判されるほど、現代青年はだらしがないだろうか。いや青年はいつの時代にも、オーバーにいえば、神代の昔から「今の若い者は……」といわれ続けてきたのだ。私の若い頃もそうだった。何かちょっとまちがいでもしでかそうものなら、すぐに「近頃の若いもんは……」とくる。

だけど、そのだらしないといわれた若い人たちが、自動車をつくり、飛行機を飛ばし、月までいける時代を築いてきたのではないか。いつの時代でも、年をとったオトナたちよりも若い人たちのほうが偉いんだと私は思う。

悩みを乗り越える喜び

現代は激動の時代である。寸刻も息抜きをすることは許されない。創意工夫と、数々の失敗とその原因の究明にエネルギーを傾注しなければ、時代のテンポにとてもついていけないと思う。

そもそも、従来の常識などというものは破られるものであり、そのため能力を酷使しなければならないのだ。苦しいときもある。夜もねむれぬこともあるだろう。どうしても壁がつき破れなくて、オレはダメな人間だと劣等感にさいなまれるかもしれない。私自身、その繰り返しだった。しかしその悩みを乗り越え、一歩前に進んだときの喜びは大きい。それがまた、次の壁に挑戦する意欲につながるのだと思う。

おびんずるさまの話

お釈迦さまがいよいよおシャカになるとき、弟子の一人だったおびんずるさまだけが、酔っぱらっていかなかったんだ。それで村八分になって、仏さまから外されちゃった。だからおびんずるさまは本堂の入口に置かれてるんだよ。真っ赤な顔をしているのは、酒に酔ってる姿だ。ところが、彼は大衆に愛されて、なでたりさすったりされている。大衆は人の心の機微を知っているんだな。

本当に悲しんでるやつは、どっかでやけ酒飲んでるかもしれねえんだ。忠義ぶってすっとんでくるやつの中には、いいかげんなやつが多いんじゃないかな。

ミクロンを感じる

手を見ればその人の職業や経歴がすぐ分るというけれど、たしかにそうだな。長い間には大したことをやっていないつもりでも、随分変わるもんです。

私の場合なんかも、右手で、ずっと平面をさすっていると、今でもミクロン（千分の一ミリ）の凸凹まで分るんですよ。ミクロンどころではない、それ以下だって分る自信はありますね。左手はお手伝いだから、まったくダメですけど、右手のこの感覚は、終生変わらないでしょう。

手相を見て未来を占ったりしているけれど、未来のことはともかく、手相を見れば過去は当たると思う。

藤沢武夫君との出会い

私は藤沢君を一目見て、「これはすばらしいヤツだ」とすっかりほれ込んじゃった。藤沢君もきっと同じだったろうと思う。理屈ぬきで、そういうものが同時にひらめいたときに、初めていいコンビが組めるんですよ。

人を見抜くカンというのは、人生を苦しんで渡ってきた人間じゃないと働かないものだ。過去にさまざまな体験をして、自らの長所と欠点がだんだん分ってくると、自分にないものを相手に求めたくなるものです。そういう人間にめぐり会ったときの感じは、口ではいえないな。

最初の一年間は二人で暇さえあれば理想を話し合っていたね。「この会社を将来こうしよう」なんて。それが本当に楽しかった。

人生の教科書

私の父は無学であったが、器用さという点では秀でていた。彼は晩年になってから、墓石を手に入れ、その石に自分の名をこつこつと刻みつけ、さらに自分の入る墓穴までコンクリートでつくってしまうほどだった。そのような父は私には類まれな教科書のように見える。器用というだけでは表現しきれない深いものの存在が感じられた。

墓石まで自分で刻んだ行為は、一方で人間の完結はいかにあるべきかを示唆してくれるが、また自分のことは自分でやる、自分のできることで人に迷惑をかけないという独立する精神をも象徴している。私にとっては父が残してくれたもっとも大きな遺産のひとつである。

必死のときには

一人ひとりの人間の可能性は、本人が思う以上に遥かに大きい。私は子供の頃から駆け足が苦手で、運動会はいつも憂鬱だった。そんな私が人に感心されるほどものすごいスピードで走ったことがある。

あるとき、飛行機を操縦していて低空飛行に失敗し、つっこんでしまった。もし火がつけばたちまちバーベキューになると思った途端、どうやってドアを開け逃げ出せたのか判らないが、私は飛行機から離れようと死にもの狂いで走った。あとからもう一度走れといわれても、たぶん無理だろう。しかし、そのときは人が驚くほどの速さで疾走したのは事実である。必死のときに発揮される力というものは人間の可能性を予想外に拡大するのである。

死んでも銅像をつくるな

もうだいぶ昔のことだが、従業員がみんなでオレの銅像をつくってくれるって話があったんだよ。たのむ、かんべんしてくれ、オレは写真飾るのも嫌なんだ。〝オレが死んでも、お願いだから銅像だけはつくらないでくれ〟と、そういったんだ。

この前、高野山へいって驚いたことがある。織田信長の墓あり、豊臣秀吉の墓あり、武田信玄の墓あり、立派な杉並木に囲まれているんだ。ところが、その近くに〝何々株式会社の墓〟ってのがあるじゃないか。そしてその墓石には、なんと社長の名前だけ彫ってある。カチーンときたなあ。ぶったまげたよ。日本の株式会社が持つおかしな特性をつくづく感じたよ。

ゆがんだ労働観

私の測定によると、人間の体力はだいたい1/20馬力である。しかもこの馬力は、一定の休養をとり、一定の娯楽も与えなければ満足に出てこない。こんな気むずかしくて能率の悪い機械だったら、たちまちスクラップである。人間の労働力が重要なのは、そこにアイデアが生かされている場合である。数億の設備資金よりも、数千の労働力よりも、一人の秀でた生産手段の発明発見が、能力を高めることがありうる。

わが国では、とかく体を酷使して、機械的な労働をすることを美徳としてきた。コツコツと忍耐強く体力を使っていれば働き者とされた。これが現在も私たちの労働観をゆがめ、創意工夫の芽を摘みとってはいないだろうか。

アイデアが需要をつくり出す

食糧のように一定の需要があって供給がリードされる場合がある。しかしこれとても革命的な食品の発見があったら、どんな関係になるかしれない。私はつねに需要は、アイデアと生産手段によってつくり出すものだと考えている。戦後、コーモリ傘の需要度は異常な強さだった。たちまち誰も彼もその生産に乗り出し、またたく間に供給が行き渡り、生産過剰になってしまった。メーカーは倒産しはじめた。そこで、ある人が折畳み式の傘を考案した。需要がなくなったはずの傘は、再び飛ぶように売れた。

アイデアが需要をつくり出したという一例だが、これは人生に、仕事に、大いに考えさせられるものがある。

若いエネルギーでこそ

　若い時代の失敗は、将来の収穫を約束する種であると思う。社長や重役の失敗は、ときには破滅の原因となるが、若い人の失敗には、そんな心配はない。安心して、彼等に新しい仕事を与えるべきだ。

　発展のテンポは、絶えず急速の度を加えている時代である。寸刻も油断の入るスキマもなく、前進のための創意工夫と、同時にその失敗と原因の究明にも、エネルギーを傾注しなければ他に一歩先んずることは絶対不可能だ。これは生やさしい作業ではない。能力を限界の線で、酷使することである。それも短時間の勝負ではすまないものだ。身も心も音を立てて消耗するような、労働なのである。これに耐えうるものは、若いエネルギーしかない。

個性ある技術を

個性の入らない技術は、価値の乏しいものである。従来のわが国の技術の大部分は模倣技術だった。殊に戦時中の製品は外国製品の猿マネで、外国のアイデア、青写真によって製品をつくっていた。思想的に乏しい国家権力がつくる技術者の工夫とか改良という個性を入れさせなかった。技術者も殊さらに逆らわなかった。だからお手本から、一歩も抜きん出ることができなかった。

それでなくても個性を出すということは、容易なことではない。年少者や未熟者が、模倣から出発するのは過程としてやむを得ないが、模倣はあくまで手段であって目的でない。この自覚の深さが、やがて立派な個性を生み出すのだと思う。

伜を入社させると……

多くの経営者は、自分の伜を入社させるに際して、びしびし鍛えてやってくれとか、我が子でも将たる器でなければ埋れてしまうのもやむを得ないなどという。その気持ちに嘘はないと思う。しかし、それは正義ではないと私は思う。

人の子の親である以上、入社させればそれなりの肩入れをしたくもなるだろう。ミスをおかせば、誰かにかばってくれと頼むだろう。その気持ちを読んだ側近はあれこれと気を遣って、伜を盛り立てるだろう……。

情をからめて判断、処置をしたり、周囲にいらざる精神的負担をかけることを〝老害〟というならば、こうしたこともつまるところ、老害なのである。

日本語の命

〝手の人〟という一面に加えて、私は〝言葉人間〟としての一面も持っている。子ども時代は家の手伝いとか、村の子どもたちと日が暮れるまで遊びまわったりで、読書やつづり方などそっちのけだったが、十代後半からは、けっこう本も読んだ。雑誌『日本少年』や立川文庫の講談、『枕草子』『徒然草』『方丈記』など、今でもあの頃読んだものは、はっきり覚えている。

私は、日本語が持っているリズミカルなこころよい語調が好きだ。そして、何世紀にもわたって使いこまれてきた言葉の中に、人間の深い知恵が宿っているところも好きだ。なるほどな、と納得するたびに、言葉の持っている命のようなものを感じるのである。

労働組合に〝土下座〟

昭和二十年代の終わりの頃、うちの会社にも労働組合ができた。新しい機械を買ったのだけど金がなくて給料が払えなくてね。見通しが悪かったのは完全に私の責任だから、これは謝らなければならない。ただ、謝っても、出せないものは出せない。でも、出せという。このムードは普通じゃない、と思った。

そこで、従業員全員を集めて、いろいろ話したんだ。いままでの行きがかり、今後の見通し。そして、いま、実際金がない。かんべんしてもらいたい。その代り、私は皆さんの幸福のために死を賭けて働く。それが社長としてのオレの義務だ。私は手をついて謝った。そしたら、皆拍手をしてくれて、納得してくれました。

技術と芸術

技術と芸術はちがう、と私は考えていたが、自分に忠実であることが、悔いの残らぬものをつくるための最低条件という点で、両者は相通じるものである。だから、私が最も美しいと思うものを、きっと他の多くの同時代の人は思ってくれるだろうと信じてきた。未来に顔を向けつつ、現在を思いきり生きることで、同時代の人の気持ちをとらえ、「あなたが欲しがっていたものは、これじゃありませんか」と差し出すのである。

芸術とはちがって、技術には実用の要素や経済的な制約がある場合がほとんどだが、オートバイにしろ自動車にしろ、それはひとつのすばらしい創造であると私は考えている。

失敗に腹が立って

成功とは九九パーセントの失敗に支えられた一パーセントである――。求められると色紙にこんなことを書いてきたので、現役時代、部下の失敗については寛大な人間だったと思われるかもしれないが、けっしてそうではなかった。とくに、時間とのきびしいたたかいの中、懸命にやっていた頃は、ちょっとした開発段階のミスなどによって仕事が頓挫するのは、ほんとうに手痛いことだった。そんなミスをおかした者に対しては、どんないいわけがあろうと猛烈に腹が立った。正直なところ、ミスをした人間を憎いと思い、本気で怒鳴りつけ、口より先に手が出ることさえあった。だが、すこし落ち着くと、必ず自己嫌悪に陥ったのも事実だ。

他人にものをきく心

いったい自分を利口者だと思っている人間は、他人にものをきかないようである。自分はインテリであるから、こんなことを人にたずねたりするのは沽券にかかわると思っているようだ。そんなことも知らないのかと、いわれることが、彼らにとっては最も恐ろしいことなのだろう。そういう点では、なまじ勉強した人は気の毒だ。

私など自分の知っていることはあまりにも貧弱だと感じているから、人にものをきくことが平気である。だから、知恵がどんどん入ってくるわけだ。若い従業員にも、「おい、これはどうなってるんだ」と謙虚な気持ちできくことができる。そういう態度に対しては、誰もが喜んで知恵を貸してくれるのである。

諸悪の根源

人が人を差別するということを、私は諸悪の根源であると思っている。「天は人の上に人をつくらず、人の下に人をつくらず」という福沢諭吉の思想には、諸手をあげて賛成したい。

私が子ども心にもおかしいなと感じたのは、家族の中でお風呂に入る順番が決っているということに気がついたときからだった。子どもの曇りのない目には、それに似たことがいろいろ映ってきた。我慢のならないことがいっぱいあった。人は成長し、大人になるにつれて、そういう世の中だと割り切ったり、諦めたりしていくが、私にはそれができずに今日に至っている。人種や家柄や学歴などで人間を判断することを、私は今日まで、徹底してやらなかった。

人間の目・カメラの目

絵をかくために写真をとってみて、この写真というものが意外にクセものであることに私は気がついた。まず、カメラのレンズは対象物を、どうしても平面的にしかとらえることができない。つぎに、人間の目がズームレンズの役割をして、見たいものをひきつけて見るのに反し、カメラは一定の倍率のレンズが機械的に映像をとらえるだけなので、ポイントのない遠景になってしまう。そして、カメラは光と影、明暗を同時に感じわける力がないのである。とにかく、まるい皿にしても、ダイナミックな富士山の姿にしても、私の見たとおりにカメラは見てくれないのである。これまで見た絵ハガキなどにも、たくさんウソがあったわけだ。

免状なんてクソくらえ

基礎から勉強し直すため、私は当時の浜松工業専門学校（現・静岡大学）の聴講生となったが、不必要な科目には一切出席せず、試験にも応じなかった。当然、私は退学の通知をもらった。校長から呼び出されて、「おまえには卒業の免状はやれん」といわれたとき、「免状なんていりません。そんなものをもらうより映画の入場券のほうがまだましです」といってしまった。免状なんて食うためには何の役にも立たないが、映画の入場券は必ず映画を見ることができる保証書だからまだましだ、と考えたのだ。校長には叱られてしまったが、私のように実際に仕事を持ち、学問を直接仕事に役立てたいと願う男にとっては、免状なんてクソくらえであった。

経験を価値あるものにする

とかくオトナは、過去の経験で物事を判断する。そして若者にもそれを押しつけようとしがちである。しかし、経験とは何かというと、ちょうど「真理」という名の料理をつくる素材のようなものである。しかし、素材が良くても、それがすぐ料理の良し悪しにつながりはしない。問題は料理人の技術なのだ。才能のない料理人にかかったら、せっかくの素材も台なしだ。

それと同じで、単に経験を持っているということだけで、イコール価値あることになりはしない。経験が尊重されるためには、その人がその経験を通して、いつ、だれが、どこで考えても納得のできる正しい知識を学びとっているかどうかによる。

第三章

能ある鷹はツメを磨け

能ある鷹はツメを磨け

いつの時代でも、一つのことをやり遂げるには創意がいる。工夫がいる。そして、失敗を恐れない勇気が必要だ。失敗を深刻に反省するところから成功は生まれるのだ。

わが国には、昔から「能ある鷹はツメをかくす」という謙譲の美徳をうたったことわざがある。現代でもなおこの言葉が高く評価され、実力のある人はよくよくのことがない限り、その手腕を示すものではないという風潮を生み出している。まったく困ったものだ。時代錯誤もはなはだしい。

若者は、そんなことにとらわれてはならない。まず失敗を恐れず、そして大いにツメを磨いて、その能力をどんどん表わすことだ。

合理的に行動したほうが勝つ

私は時々戦争小説を読むが、不合理なことが平気で書いてあるので嫌なんだ。人間中心で書いているから、どうも感情的でいけない。戦争っていうのは、だれもが自分の生命を守るために一生懸命になるはずでしょう。合理的に行動したほうが必ず勝つ。その辺を科学的に指摘するのでなければ納得できないよ。

たとえば、日露戦争での日本の連合艦隊だって、最初から勝つにきまってたんだ。厳寒のロシアからアフリカを回り、酷暑のインド洋を通り、半年以上一万八千カイリという気の遠くなるような航海をしてくたくたになりながら、やっと日本にやってきたバルチック艦隊に負けるはずないじゃないか。

技術の根本は礼儀だ

いろいろな科学が進んだために、そっちの方に目をとられて、精神面の進歩がかえって遅れやせんかと、私は心配しているんだ。人間の能力が一定だとしたら、科学が発展すると、それだけ余分なものが入るので、精神のほうがうつろになっていくんじゃないかとさえ思いますよ。

そもそも、技術だってその根本は礼儀なんです。相手を尊重することから、あらゆることが始まるんですよ。礼儀は人間の基本です。一方、科学技術などはひとつの手段に過ぎません。今の世の中は、専門家になればなるほど、手段と本質をまちがえている。われわれが科学や技術を探究し、研究するのは、人間の幸せのためにやっているんです。単なる方便なんですよ。

夫婦ゲームというもの

オレは女房以外の人間をだましたことはないなんて人にいったりするけど、ほとんどの場合、うまく女房をだましおおせたつもりでも、先刻相手は承知なんだ。それがまた夫婦の素晴らしいところなんだな。

だいたい夫婦ゲームというやつは、お互い悪口をいいあったりしながら仲良く暮らしていくのがいちばんいいんじゃないのかな。女房にいわせれば、亭主というのは仕事が終わればサーッと家に帰ってきて、女房の手料理を毎度毎度食べてやったりするのがいいのかもしれないが、それじゃあまりにも単純すぎる。人間というのは、もともと飽きっぽい性格にできている。ときには刺激がほしくなるのは自然の摂理だよ。

必要のない人間はいない

人間というものは、面白いものであり、不思議なものであり、必要のない人間というのはいないのである。私が人間に好き嫌いのある人は真の指導者になれないと、日頃からいっているのはこうした理由によっている。

研究グループを考えてみても、それがいわゆる優秀な人材だけで構成されると、そのグループは大抵中途で挫折するのである。ヘソ曲がりの人がいればその人はヘソ曲がりぶりを発揮し、テンポの遅い人がいればその人はテンポの遅さでかえって問題の本質に決定的に迫ることができるかもしれない。何事も一人では成し遂げられないし、その意味で人は誰一人として自分をあきらめてはならないのだ。

社長も盲腸も皆同じ符丁

オレはホテルに泊ると職業欄に〝会社員〟と書く。フロントでけったいな顔をしているが、会社員に違いないんだ。社長なんて偉くもなんともねえんだよ。

課長、部長、社長も、包丁、盲腸、脱腸も同じだ。要するに皆符丁なんだ。命令系統をハッキリさせるために符丁があるんで、人間の価値とはまったく関係ない。人間の偉さというのは、いかに世の中に奉仕したかということだ。会社のためにどれだけ功績をおさめたかだ。オレなんか、社長としては一度も社長印を押さなかったんだから完全なクビだよ。〝功成り名遂げて後進に道を譲る〟なんて、そんなカッコイイもんじゃないんだ。

必要な時に必要な反省

人間は誰でも反省の重要さは一応知っている。しかし必要なときに、必要な反省をしている人間は、意外に少ないものだ。とかく他人にきびしく、自分自身に寛大なのは凡人の常だ。第一、自分自身について冷静に批判の目を向けることさえ、勇気のいることなのである。反省となると、批判によって得られたデータをもとに、直接その患部への切開のメスを揮うことなのである。なまやさしい勇気ではそれはできないのだ。自己との闘争である。

だからといって、反省しなければその人間はどうなるだろうか。われわれ凡人には一瞬一瞬きびしい反省が必要だということは、われわれ自身がよく知っているはずである。

「遊び」の創造

これからはさまざまな遊びの中で、肉体的にも、精神的にも満足できるものを、一人一人が持つようにすることが望ましい。身近なもの、ごく簡単なもの、面白そうだと思ったらやってみることだ。だんだんと、高度の技術や頭脳を必要とする遊びに、挑戦したくなるのが人間の常である。また、ハクライのスポーツや娯楽に飽き足らなくなれば、日本の風土や環境に合った新しい「遊び」を工夫し、創造するのもいい。

日本は、マネする立場から、マネされる立場になっている。これからはすべてのことを自ら考え、行い、創造しなければならない。「遊び」だってそうだ。新しい「遊び」をつくり出すことが若い人の間で尊重されるようになってほしい。

努力と徒労

人間の努力は、いつの場合でも最良の結果を生むとは限らない。なぜかといえば、努力それ自体は、まったく意志を持たない一つのモーションなのである。たとえば、いくらモーションがよくても、必ずしもストライクだとは限らないのと同じである。投手のコントロールの良さがあって、モーションも生きるのである。努力はその時の情勢にもっとも緊急の効力を生んではじめて努力として認められる。努力したが、結果は駄目だったでは、努力したことにはならないのだ。

仕事の中に能力を活用しなかったり、方法をえらばなかったら、それは徒労という一種の道楽に終わる。努力を努力として価値づけるには、そこに創意と工夫が必要である。

過去は弁護士にまかせよ

本田技研は商社の手を借りずに、直接海外市場を獲得した。未知の外国で、独自の販路を確立し、好成績を収めることは、容易なことではなかった。当時専務だった藤沢が販売網を作る時に、必ず起こる「コゲツキ」「引っかかり」などの難問について、経営者の心構えをこう述べている。

「商売をして、ひっかかるのは当然のことだ。日本の経営の欠陥は、コゲツキとその社員の出世とを関連させて考えることだ。それでは社員に積極さがなくなる。コゲツキが起こったら、あとは弁護士にまかせろといってある。それより新しい販売店開拓に力を入れろといっている。能力あるものは未来にとりかかれ、過去は弁護士にまかせておけということなんです」

勝負は自分の力で

実は、昭和二十何年だっけかなァ、日本で初めて自由化を迫ったのがオートバイなんです。それは、私が通産省にいって頼んだんです。オートバイの輸入を許可しろって……。向こうから来るのはストップさせ、こっちからは輸出しようではムシが良すぎる、と。もうひとつは、自分のレベルがわからんじゃないか、と。輸入しても、こっちのほうが良ければ買ってくれるだろうし、悪ければネ、こっちも永久に輸出できないんだから。国民が買ってくれないものをネ、よそに売ろうと輸出振興なんていったってムリだ、と。勝負は自分の力でやるべきですよ。私は変なテクニックで商売はしたくないナ。本業で体当たりしたい。

やってみもせんで……

簡単にギブアップするということを、われわれはやらなかった。まだ工場も小さくて設備も乏しかった頃、薄暗い明かりのもとで私の助手をしてくれた人など、電灯で手もとを照らしながら、外科手術の医者につぎつぎとメスを渡す看護婦よろしく、いろんな道具を渡してくれる。すこしでも手暗がりになると、私はビシリとスパナなんかでその手を叩いたものだ。また、私が道すじをつけたものを、頭をフル回転させムダなく大量に製造してくれた人たちの努力も並たいていのものではなかった。「それはムリでしょう」「おそらくダメでしょう」といった言葉は、「やってみもせんで何をいっとるか」という一喝でけしとんでしまったのだ。

経験は過去のこと

振り返ってみると、私が空冷エンジンにこだわって若い技術者と大論争をしたのも、老害のなせるわざだったのかもしれない。私自身は、技術に関しては上も下もないと信じていたが、私がこだわれば、それが明らかなまちがいとわかっても技術者たちは〝困ったおやじだ〟という優しい心を働かせて、純粋技術論争のごとき体制を整えてくれたかもしれない。

私はその論争をしているとき、オレには経験があるわい、と胸をはっていたが、経験とは過去ではないか。それに対し、若い技術人には未来があり、夢がある。私は老害のジジイかもしれないが、この事実に気づいたから、大老害にならず、小老害ですんだと思っている。

魂が入る

ボクたちがものをつくるときは、単に手を動かし、機械を動かしてつくっているんですが、ものをつくる前に、構想というのがありますね。何をつくって、どういうふうにしようとか、自分の夢のようなものがあって、その夢を実現するために、精力を尽している。

だから、ものには、われわれ自身の持っているものが現われるんです。もし、それが現われないとしたら、それは技術屋ではないですよ。構想とかアイデアとは、いってみれば魂のようなものだ。自分がつくったものには魂が入ってくる。だから愛着もわいてくる。人間と物質との精神的なつながりというものは、こうして生まれてくるのだ。

人間的評価が第一

人間、短期間をポンと切ったときには恵まれないこともあるかもしれないが、長期に人生という長い目でみたときには、本人も努力し、苦労していれば人の気持ちも分るし、人間的に評価してもらえるものだと思うんです。

学問や仕事がいくらできようと、人間的に評価が悪かったらダメですよ。だからぼくはすべて人間評価からはじまり、人間評価において終わると思うな。

仕事も大事だけれど、人間関係があってこそ、仕事が成り立つんですからね。どっちが上かといえば、人間関係ですよ。人間関係がうまくできていなければ、人間評価してはもらえませんよ。

怒鳴ったあと

現役時代、私は失敗をした者を本気で怒鳴りつけ、ときには手をあげたこともあった。しかし、あとになるときまって、「ああまでいわんでも、オレもバカだな」と思って、自分が自分で嫌になってしまうのだった。ミスをおかした当人も、やろうと思って失敗したわけではない。寝る間も惜しんでやった結果なのだ。そう思うと、たまらなく自責の念が生じてきた。

「悪かったな、すまん」と頭を下げて謝りたいのだが、きまりがわるく、なんとなく冗談にまかせたりして、明るく笑える雰囲気づくりをし、叱った相手に謝ったつもりになっていた。怒鳴られた当人も、私の心をくんでくれ、また仕事にうちこむ。そんなことの繰り返しだった。

得手・不得手を活用する

自分の得意な分野でつまづく人は、結局、自分に裏切られているのである。その原因は、やはりおのれの力に対する過信だろう。自分が不得手なものではあまり失敗することがないのは、それだけ手を出すことも少なく、慎重に構えてかかるからである。そういう謙虚な姿勢があるので、他人の意見にも素直に耳を傾ける。さらには、自分の不得手なものは、それの得意な人に任せていくということにもなる。

人には誰しも、得意なものと不得手なものがある。それでこそ個性が生まれ、得意分野で活躍し、不得意分野を補い合って生きていくという世の中の仕組みが成り立つのだ。職場においても、この仕組みを十分に活用すべきである。

名コンビ

経営には物をつくるのと売るのと二つの面がある。私は物をこしらえるのは得意だが、売って金を取るのが、からきしだめなんだ。モーターバイクが大好評をはくした時も、品物は飛ぶように売れるんだが、代金の回収ができず、従って利益はちっとも上がらないという状態だった。そういう時に藤沢君に出会ったんです。

彼は、技術のほうはまるでだめだけど、商売のほうはすごいんだ。うちの会社が何回も低空飛行をやってつぶれかけたとき、彼はちゃんと金ぐりの方法を考えてくれて、ピンチを切りぬけることができた。今でも私は、すばらしい相手と組んだと感謝していますよ。私たちは、まさに名コンビだったと思う。

素直に話しかける

私は話し好きである。腹の中で考えたことは、できるだけぶっつけてみて、それが正しいか正しくないか、面白いか面白くないか、価値があるのかないのか知りたいと思っている。また、何かを投げかけることで、新しい興味ある知識なり考え方なりが返ってくるかもしれない。

こちらがその気になって素直に話しかければ、どんな相手でもそれに応えてくれる。黙りこくって考えこむのは、一人のときでいい。誰かと顔を合わせているときは、たがいが楽しい気持ちを共有するためにもユーモアを忘れず、話をするほうが私は好きである。腹芸だとか、あうんの呼吸とかで、だんまりをきめこんだりするのは、根っから苦手である。

便所を見れば

新しい工場をレイアウトするとき、かつて私のところでは、まず最初にみんなの使用する便所の位置から検討した。仕事をスムーズに進めるうえで大切なことだからだ。誰からも公平な距離ということで、工場のセンターに便所をもってきた製作所もある。おのずと清潔に管理するし、カラッとした平等感があっていい結果を生んだものだった。

ひとさまのお宅へうかがったり、工場を見せてもらったりするとき、私は必ず便所を使わせてもらう。相手を理解しようという気持ちがあるからだ。便所がきたなくて、床の間は豪華といった日常よく使うところに気を遣わぬ精神のところとは、なるべく交際しないようにする。

結局は人がらがものをいう

自分の知らないことがあったとき、友だちや知り合いが、喜んで何でも教えてくれるような人に育てることが、教育の本当の目的なのではないだろうか。そのほうが、自分だけの頭にわずかな知識を詰め込むより、人生は楽しく大きく開けるだろうと私は思うのだ。

世の中は、よい学校を出た人、物をたくさん知っている人、頭がきれるといわれる人だけが認められ、恵まれた生活を送れるというものではない。結局は人格、人がらであり、仕事への取り組み方である。エリートコースを進ませるために、他人を押しのけるような育て方をしては、子どもの将来をかえってあやうくする可能性のあることを考えてほしいものである。

生半可な知識なんか

モノを理解し、判断する場合、前提となる知識の質と量によって、答えもさまざまに違ってくるはずだ。もし知識の質がカンに頼った理論のないものだったり、断片的な知識の羅列でしかなかったとしたら、正確な判断なんかできっこない。むしろ、間違った解釈をするような生半可な知識なんか、ないほうがましだといえる。知識がなければ、あるがままに物事を素直に受け取るにちがいない。

人間の経験には、アテにならないものが多い。人前で得意になってひけらかすことのできる経験など、果たしてどれほどあるのか疑問である。肝心なのは、経験そのものというよりは、それを通して正しい知識を学びとることだ。

自社ブランドを守り抜く

藤沢武夫が、かねがねいっているが、世界へ進出するには、自分のブランドというものを大事にしなければいけない。これが第一の条件だということをいっている。

われわれでも、アメリカの商事会社からバイヤーブランドで何万台買いたいといった注文があった。本当はのどから手が出るほど受けたかったが、必死に我慢した。金がなくてしようがなかったが、当時専務だった川島（喜八郎）をアメリカへ派遣して自ら市場開拓したわけだ。この我慢と努力が、世界にHONDAのブランドを確立したゆえんで、大成功をよんだ。

自社ブランドを安売りしちゃダメだ。死守するつもりで、誇りを持たないとね。

平凡なことを忘れない

徳をもつとか人に好かれるということはきわめて平凡だが、人間として最も基本的なことではないだろうか。その平凡で基本的なことを忘れて、学問とか技術とか商売上手といった手段、方法ばかり追い求めているところに、現代の混沌とした世相が生まれているのだと思う。

私のように、年中学校をサボり、機械いじりに熱中していた人間がともかくも今日までやってこれたのは、この平凡なことを私なりに身につけていたからだと思っている。私がもし、あえて自分のすぐれた点を探すとすれば、他の人の立場、気持ちを考えて仕事を進めたこと、そして多くの人にかわいがられ、協力してもらえたことではないだろうか。

第四章

自分のために働け

自分のために働け

私はうちの会社のみんなに、「自分が幸福になるように働け」っていつもいってるんですよ。会社のためじゃなく、自分のために働けって。会社は二次的なもの、一次的にはどんな人でも自分が大事なんです。つまり、会社は社員一人ひとりが幸せになるための手段であるわけだ。

日本人は、とくに自分の会社のためには一生懸命に働くけど、国全体や個人の幸せのことを余り考えない。個人個人が大きな集団や会社の陰にかくれてしまって、本当に赤裸々な人間性を出して、感動しながら仕事をやるということがない。社員がみな自分の幸せを求めて働けば、おのずとその会社は伸びていくはずです。

製品には嘘がない

製品というものは、正直なものだ。製品にメーカーの思想も、そのまま表現されている。

製品は絶対に嘘はいわない。いい訳もしない。

メーカーにとっては、製品の一つがそのメーカーのすべてである。それによって世の評価を受けなければならない。誇大な宣伝も、いい訳めいたものも、そのためには何の助けにもならない。なぜかといえば、言葉や文章には嘘があっても、製品には嘘がないからである。

色即是空、空即是色

社会の進歩する速度が緩慢な時代には、事業経営は経済的資本によりかかっていた。資本こそ、事業経営の最も根本的な要求であった。たとえば味噌とか醤油とかのように、その製造に一定の期間を要するものは、一応の資本力を持つ者でなければできない事業である。味噌や醤油屋の多くが地方の財産家であったのはこのためである。しかし、現代のように過去における十年、二十年の進歩を一年か半年でやってのける時代においては、事業経営のアイデアが資本力に優先する。

時代の急激な進歩は、事業経営における資本とアイデアの重要度を、逆転させてしまったのである。まさに色即是空、空即是色である。

頭の運動会

日本にはあらゆる資源がない。あるのは人間だけだ。人間というのは世界で一番尊いというけれど、その尊い人間もアイデアを出してくれなきゃ、一つも尊かないですヨ。日本っていう島で食っていく以上は、新しいアイデアを出す義務があると、一人ひとりの日本人が思ってもらわんと。

今、うちがこれだけになったというのも、私一人や副社長だけのアイデアではない。おそらく世界中の企業で、アイデアコンテストをやるのは、うちだけでしょう。肉体の運動会があるなら、頭の運動会があってもいいんじゃないかということでネ。ただ賞金を与えるだけだったら、これ、クイズになっちゃう。そのアイデアがいいとなったら使ってやることですね。

一人の倅と何千人もの息子

正直いって、世間が倅に関して臆測を飛ばしたとき、私の心は一瞬乱れた。私は負けず嫌いだから、息子を会社に入れ、世間の臆測がまちがっていることを倅の大奮闘によって証明してやろうかともチラッと考えた。

だが、私はすぐにそう考えた自分を恥じた。そうするのはたやすいかもしれないが、よしんば息子がすぐれた経営者に成長したとて、私の今までの哲学は雲散霧消してしまうだろう。またこうも思った。倅は一人だが、従業員という息子は何千人もいる。倅だからという理由だけで後継者にするのは、何千人もいる息子たちへの大きな裏切りではないか、と。十年以上の時が流れ、やはりあれでよかったんだと思う。

欧米人の実力

アメリカでオートバイの工場をやってみて、欧米人が本当に何をすべきかを認識したら恐ろしいと思いましたよ。彼らはとにかくパワーは持っている。ところが、自分の割り当ての仕事さえやれば、他の人のことはどうでもいいというようなところがあるんです。たとえば、終業のベルが鳴ると、ネジをしめる途中でもそのままにして帰っちゃう。そして翌日、次の人は前の人のしめ忘れはそのままにして、自分の担当の作業だけするんです。日本人だったらそんなこと考えられませんよね。ところが、どうしてそこにネジをしめるのか本当に理解したら、彼らは単にネジをしめる以上のことを発想するだろう。それがこわいのだ。

過去を忘れる天才

私は非常に忘れることがうまくって、過去のことはどんどん切り捨てて生きてきた。そうしないと新しいものが頭に詰まってこない。とはいうものの、私の過去は機械屋というだけのもの。いまや機械といったって、エレクトロニクスも入りこむし、化学も入る。あらゆるものが入ってきた。いくら過去を捨てなきゃ前進はないなんて立派なことをいったって、もう私の頭じゃ何をやってもわからないことだらけだ。

それをわかったふりをしていれば、それはうそですよ。そんなところからは何も生まれない。もうこうなったら潔くやめるしかない。過去の自分にしがみついていたって仕方ないんだ。私の過去を忘れる天才ぶりは大したもんだろう。

競争に優劣がつくのは

自動車レースもそうだが、商売というものもきびしい競争である。血を流すことはないが、万人の認める戦争だといってよい。ぼんやりしていれば、あっという間につぶされてしまう。そういう世界で、いやおうなく仕事をしてきた私には、はっきり実感をもってそのようにいい切れるのだ。世の中が落ち着いても、自由競争のもとでの商売のきびしさに変わりはない。自動車レースを想像していただきたいが、競争というものは面白いもので、同じスタートをきったものでも、いつのまにか優劣がついてくる。その要因は、いくつかあげることができる。運、不運もあろう。しかし、多くはその競争にかける考え方の基本が問題となるのだ。

心を通わせるてだて

昔の丁稚奉公というのは、すぐに仕事教えてもらえるなんて思ったら大まちがいでしたね。半年とか一年とかいうものは、あと次の者がくるまで、だいたい子守りとか掃除とかそういうものなんだ。

朝の御飯やおみおつけだって、女中さんが盛ってくれるわけだ。少しでも多く盛ってもらいたいし、味噌汁の中に豚肉でも入っていれば、豚の毛のついた皮でもいいから一つ余計に入れてもらいたいから、女中さんより早く起きて、掃き掃除をやってやるんですよ。ぼくの場合、丁稚時代に社会通念としての人間生活のうえの骨折りというものをやりましたね。これが直接人間の心に通いあうものだと思うんです。

自分をいつわらずに

　私は技術屋であったが、自分でつくり出し世の中に送り出すもののスタイルやデザインについても、大いに関心をもち研究をしてきた。はじめは体系だった勉強が必要だと思い、おれにはデザインなどむずかしいだろうと思っていた。しかし、つきつめて考えてみると、いま自分にとって最もすばらしく感じられる形や線や色をどうしてつかみ出すかが問題なんじゃないかということがわかった。

　そこで私は開き直ることにした。自分はたぶん、他のどんな人より自分に忠実に生きてきたという自信がある。そういう自分をいつわらずに、もう一度見つめ直して自分の納得できる造形をつくろう、それが必ず新しいデザインにつながるのだ、と思った。

理論と実証

私は一面では理論を尊重し、一面では実証を尊重してきた。ひとつの理論をもって設計にとりかかるのであるが、考えたようなものができるまでは、ありとあらゆる手段を使ってみて最良の結果を得ようとしたのである。

技術というのは不思議なもんで、すんなりと理論どおりのものができる場合と、ちょっとしたプロセスのちがいで予期せぬ結果が出る場合とがある。長年やっていると、「何か、あるな」と予感がひらめいて、それを実証したくなるものだ。そしてひとつの仕事にとりかかると、「ああやってだめなら、こうやってみろ」ということになる。それがまた、とりも直さず新しい体験となって蓄積されていくのである。

教祖になっていたら……

　ホンダの副社長をやっていて私と一緒にやめた藤沢武夫が、初期の頃よくこんなことをいっていた。お前は屁理屈をつけるのがうまい。それがまことしやかであるし、なにかしら相手をひきつけるものがある。もし会社がやっていけなくなったら新興宗教をはじめてやるから教祖になれ、そうしたら金はおれが集めてくる。あのとき万一教祖になっていたとしたら、私は旧来の宗教とはまったく別な、何ごともすべて理づめで考える哲理を追求しただろうと思う。人生の不可思議を説くのではなく、現代人に分りやすい理論的な問題解決、普遍妥当性のある哲学を求めただろう。何も信じない私は、かえって新鮮な教祖になれたかもしれない。

人を動かすには

人を動かすことのできる人は、他人の気持ちになれる人である。そのかわり、他人の気持ちになれる人というのは自分が悩む。自分が悩んだことのない人は、まず人を動かすことはできない。私はそう思っている。

また他人を動かすには、自分が「恰好よくなりたい」と思うことも必要である。恰好よくというのは、他人によく思われ、よくいわれたい、という意味である。うすっぺらなようだが、これはひとつの真理である。この恰好というのはデザインみたいなもので、自動車だっていいデザインでなければ売れないのと同じである。恰好いい、ということは、他人に好かれることの基本のひとつなのだ。

伸びるきっかけ

オレは女房に弱い。だから女房に頼る面がある。会社の中でも、部下に優秀な人間があれば、オレは頼りにするよ。なんでもかんでも強さを表面に出すだけの人間はだめだな。魅力がない。まわりが萎縮してしまうよ。

息子や部下と議論して、こっちが劣勢に立たされると、くやしいから「参った」とはいえない。そういう時は、あとで別の人間に、「やっぱりあいつのいうとおりだな」っていうんだ。すると、それは必ず息子や部下に伝わるからね。これはいいことだよ。自分の考えが目上の者よりもすぐれていたことがわかり、彼らは自信を持つようになる。そうして、息子や部下は伸びていくんだね。

ごまかしは許されない

自動車というのは、商品として多様な要素を持ち、乗り手の安全を長い期間にわたって守らなければならない責任がある。たとえ、どんな細かいところでも、目に見えない部分でもごまかしたり、手を抜くことは許されない。燃料消費率の数値にしても、認定をうける車だけがいい数値を出してそれでよしとするようなことをしたら、企業の体質は、たちまちにして取り返しのつかないものになっていくだろう。また、専門分野が細分化される中、他分野に対する依頼心が、企業の命とりになることもある。ごまかしや、こうした依頼心を排除し、自分の仕事に責任と誇りを持つためには、たゆまぬ努力としっかりした哲学が必要となる。

前代未聞の宣伝

本田技研がアメリカへ本格的に進出したのは昭和三十四年のことだった。そのころアメリカでは、自動車の普及によってオートバイは経営の面でも技術開発の面でも行き詰まっていた。そこでうちは「アメリカへ売るには、今までのように実用本位ではだめだ」と考え、レジャーを楽しむための乗り物としてオートバイを宣伝した。ハンターカブや、フィッシングカブなんかを、女性や子どもでも楽に乗れるように設計して売り出したんです。ブラック・ジャケット（俗語で暴走野郎）のイメージを変えようと、『タイム』とか『ライフ』とかの一流雑誌にどんどん広告を出した。これは前代未聞のことだったらしく、すごい勢いで売れ出した。

だれしもが哲学者

哲学というと、むやみに難しく考えて、学者だけが空理空論をもて遊んでいると考えがちだが、だれしもが、毎日の生活の中で、立派に哲学を使っているのである。

会社の経営思想、社是といったものも、ひとつの哲学だ。経営者は、それぞれの哲学をもって判断を繰り返している。

指導者には指導者の哲学があるはずで、自分の部下に対する責任感、思いやりというものもそのひとつであろう。家庭にあっては、父親として、母親としての家庭を経営する哲学があり、子供を教育する哲学がなければならぬと思う。それらは、なんら難しい理屈ではなく、相手の心を知り、他人の身になって考えることである。

子どもと遊び

いまの子どもたちは、子ども同士が群れ集《つど》って遊ぶことをしなくなったが、私が腕白ざかりの頃は、さかんに集団で遊び回ったものである。男の子たちは、戦争ごっこが好きで、いろんな遊びをしていても、結局は兵隊ごっこになる。ときには石を投げあったりして、いまどきの過保護なお母さんなどがきいたらびっくりするようなけんか遊びでもあった。しかし、子どもたちは毎日の冒険的な体験を通じて、ほんとうに危険なことと、危険そうであるが安全であることを見極めをもつようになった。

そして、自然の中で子どもたちは昨日より今日、今日より明日へと、胸をおどらせる冒険を必死に求めながら成長していたのだ。

学問のゆくえ

私はいまの学校における知識偏重型の教育を詰め込みとして問題視しているが、かといって学業をないがしろにしていいとは思っていない。ただ、あまり広く浅く勉強の範囲を広げすぎて、子どもたちにおしなべて余分な負担を強いるのはよくないと考えている。

いまは学問というか、学術、技術の分野がますます専門化してきている。昔は電気なら電気、金属なら金属といえば、ひとことで通用していたものが、いまはその中に無数の細分化された専門分野の研究家が必要となっている時代なのである。そういう意味で、広く浅く勉強していたのでは間にあわない時代になる。私はそう考えている。

歩をうまく使う

将棋の升田幸三九段が「本田技研の工場を見せてくれ」といって、埼玉県和光市にある本田技術研究所を見にきてくれたことがあります。応接室に入ってくるやいなや、「あんたのところは、歩をうまく使っているなあ」というんですよ。

将棋では、歩は敵の陣地に入ると金になる。その歩をうまく使えないようでは名人になれないようです。

会社の経営もそのとおりで、升田さんがみえたとき、守衛さんや受付の女子社員がきちんと応対したからだと思うが、〝さすが名人位を獲得するような人は、見るところが違う〟と感心しました。

私の写生術

私のかく絵は抽象画ではない。デフォルメ以前の初歩も初歩、具象も具象の徹底した写生画である。

技術屋の私は、身についた習性によるものか、実物と絵との寸法があわないと納得できない。縮尺がきちんと二分の一なら二分の一になっていないと気がすまない。良心がとがめるのである。そこらが芸術家らしい絵かきさんとはちがうところだ。

皿の上に盛ったりんごなどの静物を写生するときもそうであるが、富士山や、私の郷里の天竜川のほとりなどの風景画をかくときも、なるべく実景に即してやるようにしている。現地へいって、それこそ入念にスケッチするのである。

若さの特徴

「若さ」とは、一言でいえば過去を持たないことだ。なまじっかの知識がないからこそ、いつも前向きの姿勢でいられるのだ。そして現実を直観的に受けとめ、こだわりのない新鮮な心で物事を見つめていくのだ。そこから、オトナをアッといわせる新しい創造が生まれてくる。それが「若さ」の最大の特徴である。

若い人がエネルギーを思いきり何かにぶつけている姿を、私は美しいと思う。若いくせに、周囲にばかり気がねして、コセコセとちぢかんで生きている若者が世の中にはたくさんいる。これでは、若者という名の皮をかぶった老人にすぎない。若いのであれば、他人に気がねすることなく、大胆に自らの主張を述べるべきだ。

信用とは

人間の生活は単独では成り立たない。さまざまな人間関係を土台として、無数の人の恩恵によって築きあげられている。個人の生活をより幸福に、より充実したものにするためには、当然この人間生活の構造を無視できない。人間関係は信義をバックボーンとして、円満に保っていかねばならないし、他人から受けている恩恵には十分に応えなければならない。つまり、信用を確立することである。

私は信用をこう考えている。ひとつは人間愛だと思う。人を愛し、人に愛されることだ。ひとつは約束を守ること。もうひとつは人に儲けさせること。つまり自分の人生と仕事を通じて多くの人に恩恵を与えること、これに尽きると思う。

模倣性と創造性

流行を支えるものに、人間の模倣性と創造性の二つがある。独自の力で考えるという創造性によって、流行のキッカケがつくられる。それを展示してお客さんに買わせる。これは模倣性を利用したものである。つまり、流行の心理はあの人がやったから私もやるという心理である。そして人間の持つ独創性と模倣性のうち、独創性は字のとおり新しい物をつくることであり、模倣性は流行を生むというわけである。

メーカーにとってみれば、大衆の模倣性は貴重なものである。しかし商品を生産する立場には、模倣が許されない。独創性を追究しなければならないのだ。大衆の持っている模倣性から突飛もなくかけ離れていては、大衆も飛びついてこない。

第五章　幸福な報酬

幸福な報酬

人間社会は、相互扶助で成り立っている。一人ひとりが助け合って、生きているものだと思う。企業だって同じはずだ。地域住民に迷惑をかけながら、製品をつくらなければならないような企業だったら、すぐに廃業すべきだと思う。他人に迷惑をかけることは、いつ、どんな場合でも、絶対に許されないと信じている。

この私の信念を理解してくれて、理想に近い企業経営を推進してくれた藤沢と、有能な社員全員の協力によって、大過なく職責を果たし、今日を迎えられた。現役を退いたとき、藤沢とともに過去を振り返り、全く後悔のない人生であったという満足感を、しみじみ二人で味わうことができた。何ものにも替えがたい幸福な報酬であった。

忘れえぬ感動

小学校三年生の頃だった。浜松の歩兵連隊で飛行機が飛ぶといううわさが私の耳に入った。私は飛び上がらんばかりに驚喜した。見たい一心で学校をサボり、親父の自転車をコッソリ持ち出して、二〇キロもはなれた練兵場まで夢中でペダルを踏んだ。それは飛行機とはいっても、ナイルス・スミスというグライダーに簡単なエンジンをのっけたものだったが、さて入場となると練兵場のまわりには高塀がめぐらされていて、大金〝十銭〟の入場料がなければ入れない。手には二銭しかない。ふと見ると松の木がある。とっさに私はそれによじ登った。そして木の上からやっとナイルス・スミスの飛行ぶりを見ることができた。その感激は今も忘れない。

牛の耳

あるとき牧場で、牛の耳はどこにあるのかと聞いたら、毎日世話しているのに牧場の連中は知らないんです。それから、東京へ帰ってきて、友達の絵かきさんに聞いたら、鉛筆を貸せといって、チョッチョッと描くんです。角が上で、下に耳がある。角のちょっと後ろに耳があるんだよ、というんです。

ボクはびっくりしたな。同じ牛を見るのにも、目的が違うと、見ているところがこんなに違うものかと思いました。

これと同じように、世の中には知っているようで、本当の細かいところは何も解っていないということがよくある。絵を描くようになってはじめてわかったんです。

あくまでも理詰めで

われわれは、もともと自分勝手なものの見方や考え方をしている。私の場合、他人が何を考えているか、その人がなぜそんな行動をとり、なぜそんなことをいったかということを、あくまでも理詰めで考える。

これは私の習性であって、どうして彼はあのとき、ああ話したのだろうか、と理論だてて考えるのである。そして、ああ、そうだったのか、自分があんな顔をしたから彼はそう答えたのか、ということに気がつくといった次第である。

つまり、人の行為や、言葉を、ひとつの理論として納得したいと思うのである。

競争の原理

商売の世界にはゴールはない。企業は永遠を夢みて、生き残っていくための努力を続けるのである。従って、ひとつの過程の中で勝敗を云々することはできないが、あくまで首位のものが存在し、二位以下が存在するという現象はあるのだ。

企業間の競争は、消費者にとってよいことである。レースだって、激しい競争があってはじめてタイムも向上していく。首位と二位との差が接近して、競り合いがあってこそ、その進歩に拍車がかかるといえるだろう。

二位以下に力がなく、意欲のほうもあと一歩という状態の場合、首位までがのんびりしてしまうことがある。これでは進歩はなくなる。

追い返されたくやしさ

腕白ッ子の私にも、苦しかったこと、くやしかったことがあった。私の家は貧乏だったので、着物もそう買ってもらえるわけがない。だから、ソデ口はこすった鼻が固まって合成樹脂のようにコチコチになっていた。隣の家は金持ちで、五月の節句になるといつも弁慶とか義経の武者人形を飾るので、私はそれが見たくてしかたがなかった。しかし、見にいくと、「お前みたいなきたない子はきちゃいけない」と追い返された。そのときのくやしさは、いまでも忘れない。金があるないで差別する、なんでそうするのかと疑問を持った。これは私の事業経営のうえでも、人間はだれでも皆平等でなければならぬという考え方に現われている。

知りたいのは未来

よく何でも百科事典のように物知りな人がいる。ああ、それ知ってる知ってる、というわけで、何かとうるさく口を出すタイプの人である。そういう人に対して私は、

「ああ、わかった。だけどあんたの持ってる知識は、それみんな過去のことなんだよ」といってやることにしている。

「おれが知りたいのは、未来なんだ」

未来というものはたしかに過去とつながっているものであるから、あくまで便宜上、過去を知るということは必要だ。ただし、われわれが本当に知りたいのは未来である。知識というのは、それを使って未来を開拓するのでなければ価値はないのだ。

ホモ・ファーベル

頭にひらめいたことを、ただちに手を通してかたちのあるものにし、そのアイデアを実証せずにはいられない人間。こういう人のことを、ホモ・ファーベルと呼ぶそうである。変な表現だが、「手の人」「モノをつくる人」というわけだ。いわゆる口先だけでいっこうに実行の伴わないタイプの人間「口舌の徒」とは反対の存在だということができるだろう。

私の生き方には、頭で考え、手で考えるといったことがある。いまはもうほとんど技術的なモノはやっていないが、そのかわり、たいへん技術的な絵をかいている。絵かきさんの絵とちがって、これまでモノをつくっていたと同じような気持ちで絵筆をにぎっているのである。

模倣は転落への入口

私は真似がいやだから、うちはうちのつくり方でやろうということで苦労した。実際、外国メーカーに追いつくまでには相当の時間がかかった。しかし、その間努力したことが、追いついてから後の差になった。最初から苦しむ方向をとったから、あとは楽になった。真似をして楽をしたものは、その後に苦しむことになる。研究者にとって大切なところはそこだろうと、私は今でも考えている。一度、真似をすると、永久に真似をしていくことになるのである。

これは、企業の体質にとってたいへんな問題である。安易な模倣に走り、独自の創意を放棄するような考え方が生まれた瞬間から、企業は転落と崩壊の道をたどり始めるだろう。

哲学を使いながら生きる

哲学という言葉は、明治になってから輸入された「フィロソフィ」の訳語だというが、このもともとの意味は〝知恵を愛すること〟であり、一人の人間がよりよく生きるために思考や体験を積み重ねていく行為でもある。

私にとっての哲学は、人の心を大切にする、ということに尽きるようだ。現代は何ごとも事務的に、機械的に処理される風潮が強くなった。そういう中にあって、心と心を通わせるてだてがますます貴重になる。人の心を知るための哲学が必要とされてくるのである。

経営者もそうであるが、すべての人が、哲学者でなくても、哲学を使いながら生きる人になってもらいたい。

心の修理も忘れない

私が十代の頃、自動車の修理をやっていて初めて判ったのは、自動車の修理という仕事は、単に自動車をなおすだけではダメなのだということだった。そこに心理的要素がなければならぬことに気がついたのである。車を壊したお客さんは、動揺し、憤慨し、苦労しているのだ。機械とともに、お客さんの心も壊れている。その上、二十歳にもならぬ若僧が大切な自分の車をいじって、本当に大丈夫なのかと、不安で胸がいっぱいだろう。

車をきちんと清掃しておく。あるいは故障の原因と私のとった処置をよく説明する。なおりました、だけでは納得してくれないが、そうした親切で、お客さんの心を癒《い》やすこともできる。

未来へ進ませる力

現在、この瞬間は過去でもあり、未来でもあるわけだが、過去における知識の蓄積は、未来に役立てられるものでなければ、それは〝知ってる〟という名のお荷物である。極端にいうなら、その人の現在ならびに未来を毒する、亡霊なのである。こやしにならぬ過去なら、捨てたほうがいい。それを捨てれば未来が考えられる。私などには、そうした過去の知識がないから強い。

私にあるのは、教わって知った知識とともに、実行して知った知識、つまり経験である。このふたつが、私を未来へ進ませる力になっているのだ。私は他人から教わったことや本に書いてあることを鵜呑みにはしなかった。それらはみな他人の過去だと、知っていたからである。

躾を心がける

過保護、とくに母親の自分の子に対するこの現象は、子どもを一個の独立した人格と認めることができずに、いつまでも自分の延長線上にあるものとして扱おうとすることが原因だ。

一歳半から二歳ぐらいになると、子どもはすでに自我を持ちはじめ一人の独立した人格を形成しはじめようとする。そして、集団生活の中で、仲間とのやりとりなどを通じて、子どもは社会に適応していく。

そのような時期こそ、周囲の大人たちは、ただ猫可愛がりにしたり、逆にきびしくおさえつけたりせずに、ルールやエチケット、マナーを身につけさせるよう、いわゆる、躾というものを心がけていきたいものだ。

ほかの何も見えなくなるとき

　ボクは憧れのセント・アンドリュース・ゴルフ場（英）でプレーしたが、実際はミス・ショットの連続。そのうえどんなコースで、どんな景色だったか、何ひとつ覚えていないんですよ。四十九年にボクは女房といっしょに、オートバイのツーリスト・トロフィー・レース（ＴＴレース）で有名な、マン島を訪れました。この島はボクにとって数々の思い出につつまれた記念の島なんです。ＴＴレースに勝つため、何度となくマン島に足を運んで、コースの状態を細かに調べたんです。しかし、女房を連れて歩いてみたら、見たこともない景色ばかりです。人間は、一生懸命に何かをやっているときは、ほかに何も見えなくなって当たり前ですよ。

棲む世界が違う

現代はテンポの速い時代である。次々と新しいものが生まれ、考え方も価値観も刻々と変わりつつある。そんな時代に、いつまでも過去の経験にとらわれていては、若い人たちの反発を買うのは当たり前だろう。

たとえていうと、水の中の魚を見て、水の中にばかりいて、歩いたり飛んだりできないなんて魚もずいぶん不自由だろうなあと思ってみたところで、魚にしてみれば、表に飛び出すということは即、死を意味するのであって無理な話である。

今の若い人たちとオトナとは、ある意味で棲む世界が違うのだ。古びた過去の観念で今の若い人たちはどうだ、こうだといってみても、若者にしてみれば、はなはだ迷惑なことだろう。

奉仕の心

学問にしても技術にしても、この世の中のすべてのものは、人間に奉仕するための一つの手段にすぎない。だから、単に学問ができる、技術がある、だから人より偉いというのは大きなまちがいだ。もちろん、学問なり技術があるということは立派なことにはちがいないが、それを人間のために有効に使って初めて、すぐれた人間だということができるのだと思う。何よりも大切なのは人を愛する心ではないだろうか。

商売も同様だ。他人のひんしゅくを買うようなやり方をしても、ただ儲ければよいというものでは決してない。長い目で見て、商売を通して社会に奉仕するという考え方が、基本に流れていなければならないと思う。

常識を破る

オートバイを出したとき、これで自転車はみんななくなるといわれた。自動車が普及して、こんどはオートバイが駆逐されると巷間でいわれた。ところが実際はどうだろうか。みんな当たっていないでしょう。

オートバイも自転車も、形を変えてどんどん売れている。既成の観念にとらわれることほど、人の考えを誤らせ、道をとざすものはないんです。

常識にそった考え方を推し進めていくと、本田技研そのものが立ちいかなくなる。常識を破る、そのことでしか会社の永続はない。私はずっとそう確信してやってきた。

演技はすぐにバレる

上に立つ人の中には、演技で怒ったり、タイミングを見てしかりつけたり、怒ることをテクニックとして使う人がいるが、私にはとてもそんな余裕はないな。怒りゃそのままの姿で怒りますよ。それに、演技はすぐにバレる。イヌだって主人のそぶりを察して、シッポの振り方を変えるでしょう。演技なんかすると、相手は人間ですからすぐ見抜かれてしまいますよ。

たしかに私も、昔はよく怒って怒鳴りちらしたもんだ。ただ、私は怒っても、その人間を憎むことはしないから、そういう点では分ってもらえたんじゃないかな。いつわりのない気持ちを相手にぶつけることが、大切なんじゃないですか。

危機感の中から

人間は一度成功をおさめると、いつまでもそのものの成功にしがみついていこうとしがちだが、栄枯盛衰世のならい、といわれるように、いつの日か危機はたしかに訪れてくる。とくに、技術の世界となると、そのテンポは短く、つぎからつぎへと新しい技術が生まれ、世界をかけめぐる。マン島で優勝した日から、私のなかにこうした危機感が芽生えてきた。

それは、わたし自身についても、企業についても、さらにわが国についてもいえる、ひとつの共通した危機だ。人間は追い込まれたとき、窮地に立ったとき、創造的な力を発揮するものである。わたしのなかの危機意識は、つねにわたしを不思議な活力に導いたことを思い出す。

相手の立場で

　こちらが望んでいること、こうやりたいと欲していることをスムーズに受け入れてもらうためには、まず、先方の心を知らねばならない。相手の気持ちを知って、相手が理解しやすいようにもっていかなければ、心からの協力は求められないからである。

　そのためには、相手の立場に自分を置きかえたものの見方、考え方をすることが大切だろう。車を運転しながら歩行者の立場に立てば、運転は歩行者にとって感じのよいものになるだろう。歩行者であるときハンドルを握っている者の立場に立てば、歩き方も変わってくる。そこにはじめて、いわず語らずのうちに他を思いやる人間らしい相互関係が生まれるのである。

我も人なら、彼も人

天才とか聖人とかいう人を除けば、人間はみな似たりよったりの能力と、感情の持ち主である。これを悟らなければならないと思う。つまり、我も人なら、彼も人なのである。

この自覚がないと、自分一人を特権意識で固めて、手前勝手な差別を他人に押しつけるということになる。私はこういう人間を軽べつする。

大臣が望むことは、国民も望んでいるし、社長が欲しいものは、社員も欲しているのだ。

この人間平等の意識が道徳をつくり、住みよい社会をつくるのだと、私は信じている。

科学を否定する罪悪

科学はすでに多くの未知を解決してきたが、まだこの分野には万能の力を揮うまでにはいたっていない。まだまだ解明されない問題もうんと残している。だからといって科学は人間の持つ最高の能力であり、いつの時代でも変わることのない正義であり、道徳であることは変わりないはずだ。現代において科学の未熟をとりあげて、科学を否定することは絶対に許されない罪悪である。人間否定であると思う。

これは宗教といえども同様だ。

神や仏の名において科学を否定するとしたら、これは人間にとってプラスになる宗教ではない。邪教という名の精神的暴力であり、犯罪であると思う。

目で見る交響曲

デザインは目でみる交響曲でなければいけないと思う。それぞれのポジションの一つ一つを全体のバランスをくずさずに、デザイン化していかなければならない。といってバランスばかり気にかけすぎると、個性のない八方美人的なデザインになってしまう恐れがある。不調和というものは調和に転化する一つの要素である。

人間は、どこか抜けたところがないと面白くない。それを一つの魅力とか美しさにまで高めるのがデザインだと思う。しかも、実用性を完全に満たした上でのデザインが、本当のデザインだと思う。日本人すべてデザインに興味を持ち、デザインする楽しさを知るようになれば、どれほど日常生活が明るく、楽しくなるか。

思いなおして

社長の職を退いた当座は、相当な我慢をしなければならなかった。私は根っからの仕事好きである。朝になれば仕事をやりたくなる。やめた後も、朝になると車に乗って何度か研究所へいこうとしたことがあった。半ばは無意識であるが、半ばは気になるものがある。

しかし、途中信号待ちをしていて、ふと考える。いまおれが前と同じような顔をして研究所へいったら、もとの立場にかえってしまうではないか。後を任せられて頑張っている人たちの自立心を、任せた自分がぶち壊してしまうことになる……。

思いなおし、引き返して家に帰る。こんなことを、何回繰り返したであろうか。

第六章

私の〝宝物〟

私の〝宝物〟

私の両手は左右がまったくちがう。右手のほうが一回り大きく太い。左手は傷跡だらけ。

右手は道具をふり回していろんなことをやるでしょう。左手はそれを受けるから、いつもやられる〝被害者の手〟なんです。ツメなんかは何度ぶち割ったか分らない。その度に抜け替って、よくもまた生えてきたものだ。人さし指や親指はカッターで削り取られて、右より一センチくらい短い。バイト（単刃の工具）で突き刺して手の甲へ抜けた跡や、太いキリが入ってやられた跡……。私は人一倍ケガには強いタチなんでしょうね。古い傷跡は五十年以上たっているけど、それらの傷跡は私にとってはみな〝宝物〟なんです。

「特振法」

昭和三十七年のことだが、いままで自動車をやっていないやつは永遠に自動車をやっちゃいかんという「特振法」を通産省がつくった。そのときぼくは暴れに暴れた。乗り込んでって、机を叩いて怒った。結局それは止めになったが、統合しろといわれた。統合しろといわれれば、われわれのような小さなものは、日産に入るかトヨタに入るかだ。統合しなきゃアメリカの自動車に負けちゃうというから、そこで私はまた怒った。そんなばかな話があるかってね。おれは統合しないよと、とうとうやらせなかった。それに、うちは株式会社だった。統合させたいなら、株式買って株主になってからものいえっていったんだ。これはもう闘争の歴史だね。

いつの世にも変わらぬもの

すべての社会的現象がスピードアップして、万物流転、有為転変の様相も実にすばやいものになってきた。しかし、そういう変転きわまりない時代にあって、根本的に変わらないものがひとつある。それは何かというと、人の心というやつだ。つまりはその思想であり、その根っこの哲学である。しっかりした思想と哲学を持たぬ企業は、これから先どんどんつぶれていくだろう。

いつ、誰が、どこで受けとめても、なるほどと納得できる思想を持つか持たないかで、企業の生命は決る。妥当かつ普遍的な民族を超えた哲学があれば、その企業は必ず世界へ伸びるといってよい。

三ない運動について

はじめて〝三ない運動〟という言葉を耳にし、その内容を知ったとき、私は教育の荒廃がここまできたかという驚きを禁じえなかった。①免許証をとらせない、②オートバイを持たせない、③運転させない——という三項目で、高校生のメカニズムに対する関心や欲望をすべておさえようとする、まさにクサいものにフタといった考え方だ。これでは教育の方向が逆である。

この道路交通、混合交通の世界が、ハードでありタフであればあるだけ、学生たちを健全なマナーと十分な技量をもった交通人として教育し、社会に送り出していくことが、高校教育の課題ではないのか。この運動は少年たちを混乱させるものでしかないと私は思う。

初歩が分らぬばかりに

初めてのピストン・リングの製造に行き詰まった私は、当時の浜松工業専門学校（現・静岡大学）の藤井先生を訪ね、鋳造の専門である田代先生を紹介していただいた。先生は私のつくったピストン・リングをみて、即座に「シリコンが足りませんね」といった。こんなことは金属材料の初歩だという。そのとき私は、頭をハンマーでガーンと殴られるほどのショックを受けた。そんなことが分らなかったばかりに、どれほどの時間とお金を浪費したことか。私は、早速校長に頼みこんで聴講生の一人に加えてもらった。風変わりな社長兼学生の誕生である。そして九カ月のち、私は念願のピストン・リングの製造に成功したのである。

「いい子」「悪い子」

世間では、オトナのいいなりになる子や、オトナの考え方の枠から飛躍しようとしない子が「いい子」であり、自分の意志を堂々と主張したり、個性的な考え方や行動をする子を「悪い子」というレッテルをはりがちである。

けれども私は逆だ。

世間でいう「悪い子」に期待している。なぜならそういう子どもこそ個性にあふれ、可能性に満ちた本当の意味の「いい子」だからである。

白を白といってくれる人

　人間というものはおもしろいもので、いつも白を白というかといえば、必ずしもそうではない。心から協力してくれる人は、白いものは白い、黒いものは黒いといってくれる。しかしあの人には協力したくないとなれば、白を黒ということだってあるのだ。とにかく協力を得られるかどうかによって、同じ仕事をするのでも、まるっきり質がちがってくるものなのだ。それが人間社会というものではないだろうか。

　従って、人間にとって大事なことは、学歴とかそんなものではない。やはり他人から愛され、喜んで協力してもらえるような、徳を積むことである。そしてそういう人間を育てようとする精神なのではないだろうか。

学者の常識

社長をやめてから、オレは世界の学者を集めてある会議を開いた。外国の学者たちと話し合ってみて、本当におもしろかったよ。学者っていうのは幼稚園の園児みたいなもんだ。あたりまえのことを、どうして？　どうして？　って聞くんだ。

それでハッと気づいたよ。常識ってのは、人間が考えたことだ。それを疑って、うち破っていくのが進歩なんだね。常識を破ることが学者の常識なんだな。オレはすっかり惹きつけられちゃって、楽しくなって大いにしゃべったよ。そしたら「まだ進歩の余地はある」ってほめられた。ガックリきたな。名誉会長だからあいさつがすんだら帰っていいといわれたが、とうとう三日間行き詰めだよ。

人間で計る

政府のやることは皆悪いというんじゃないけど、大きければ永遠に大きいと思っている。人間というものを否定しているからね。企業を大きさとか財力とか、そういうもので計って、人間で計ってない。

私は企業というものは、人が動かすものだといいたい。そのときたまま大きいところに合併しようなんていう考え方は、大きな間違いだ。会社の組織というものを知らなすぎる。再編成なんていうときも、再編成されるほうの小さい側のメーカーの人になったことあるかっていうことね。やはり人間的配慮が必要なんだ。企業をやってみないと、その気持ちは解らないんだろうな、きっと。

家庭は人生の抜け道

家庭というものは、ただ子どもをつくって飯を食べるところではない。私は家庭とは人生の抜け道だと思う。安楽の場所といってもいい。しかし、長年一緒に暮して、女房にしてみても嫌なことが随分あったと思う。しかし、それは私と女房の間で自然に理屈なしに解消できるものなんだ。理屈があって解消できないのが他人なんだ。そこははっきり区別することが大事なことだと思う。

たとえば、「酒を飲むとしからられるからやめておこう」と思いながら、ついつい飲んじゃって家に帰る。女房は「また飲んで……」といいながらも、「男には男のつき合いがあるから」と許してくれる。そういう寛容さがときには必要なんだと思う。

自分をさらけ出した方が

人間というものは、えてして自分の立場を守ったり、有利にしようとするものだ。しかし、私にいわせれば、嘘で固めてしまうと後で自分が苦労するだけだ。

人前では使ったことのない言葉を使ったり、酒を飲みたくても飲まずに我慢したりね。私はそんな努力をするなら、はっきりと自分のことをさらけ出したほうが、どんなに自分にとって楽かわからないよ。そうすれば、みんなも納得してくれるしね。

たとえば、私は本を読んでいても、あんまり立派なことが書いてあったら、もう絶対に読む気がしないんだ。どうせ嘘に決っているんだ。最初から。

家の行き来はしない

会社の人間とは、その相手が親しければ親しいほど、お互いの家の行き来はしない。なぜかというと、よその家庭にはどこにだって秘密があるし、子供もいるし、趣味も違うんだ。それを見せつけられるのは嫌だし、見たくない。そういうものを見ると、つい何かのときに感情が出てしまう。競争心や羨望の気持ちをあおることになりかねない。私はそうしたトラブルは非常に大きいと思うんですよ。訪ねていかなければ、何でもないんだから。

文字どおり心を許し合った仲である副社長の藤沢君とだって、会社の会合でしか会わないな。向こうもうちには来ないし、こっちもいかない。それがいいんだと思う。

人間愛や道徳心に戻って

私は国と国との間に、いろいろな約束ごとがつくられることを否定はしない。それは円滑な相互関係を維持する上で必要なことである。しかし、約束、規制はそれ自体が一人歩きをするものであることをも恐れなければならない。細かな、こじつけめいた筋の通らない取り決めにまで、それらは時として発展する。そうした発展は、人間として、あるいは文明人として見れば価値のないものである。

国際規制は人間がつくったものであることを思い出してみなければならない。国際規制よりもはるか上にある人間愛、あるいは道徳心に戻り、そのレベルで国同士の商売・取引を考え直してみるところに、われわれは来ている。

上の人が下へ降りる

どんな社会にも、上層部にいる人と下層部にいる人があるものだ。

下の人が上にのぼるためには、大変な努力をしなければならない。人間がすべて平等な位置に立つためには、一人、二人でなくすべての人がのぼらなければならない。しかし、皆を一人残らず上にあげるのは非常に困難である。一方、上の人が下に降りるというのは、比較的楽なことである。

もし、能力のある人が大衆の仲間になるならば、その能力は、当然誰しもが認めるところとなる。彼は自然に人々から指導者に選ばれ、その能力を最大限に発揮できるはずである。まず上の人が下へ降りてきて、皆と一緒にのぼる努力をしなければならない。

科学時代の教育

民主主義が一人ひとりの明確な権利義務の自覚によって支えられ、推進されるように、現代の文化というものは、一人ひとりの知恵の向上によって進歩するものだと思う。

とくに現代のような科学時代にあっては、一人の天才のアイデアだけでは、社会全体のレベルを引き上げることはむずかしい。国民一人ひとりの科学知識のレベルを土台にして、天才のアイデアは有効に生かされ、社会全体の向上に役立つのだと思う。

教育はこの点に力点を置いて、施される必要があるし、そうでなければならないはずである。

あいまいさの効用

「色即是空、空即是色」これが日本人の哲学のエッセンスだ。だから、日本にはあいまいさがあるんですよ。ノーかイエスかではいえないものを、日本人は理解できるんだ。あいまいさというのは、ちょうどたそがれどきだね、一日のうちの昼でもあり、夜でもある。

イエスかノーかですべてを割り切るというのでは世界が狭くなる。あいまいさの効用は、行き詰まらないということです。ほうぼうにつながって、どこにおいても発展の余地をもっているんです。

技術屋にもあいまいさが必要なときもある。それを悪用したらいかんが、うまく使うと人間は非常にスムーズになるんですね。

遊びも美徳

余暇時代を迎えるのに、日本には非常にマイナスともいえる観念と、習慣が残っているようだ。それは、古くから「労働は美徳、遊びは罪悪」と教え込まれてきたことである。この古い日本的発想は、日本人から「遊び」を取り上げてしまった。しかし遊びという心まで、奪えない。金と暇のある連中は、人目を避ける遊びで、気晴らしをするようになった。だから、日本人の遊びとなると、やたらと室内遊技が多い。

これからの時代はそれではすまされない。どんどん増えてくる余暇を、より有効に楽しく過すためにも、この「遊びは罪悪」という観念から脱皮しなければならない。「労働は美徳、遊びも美徳」という頭の切り替えが、必要である。

赤いシャツ

尋常小学校三、四年のことだった。その日は天長節で、学校では式があった。おふくろはカスリの着物の上に、新しい青い色の帯をしめてくれた。私は得意になって学校へいったが、実はそれは母の帯だった。仲間はそれと知って、「やーい、お前の帯は女の帯だ」とさんざん私をいじめた。私は泣いて家に帰った。

そのとき以来、私は考えた。色に男の色と女の色の区別があるのはおかしい。人間は自分の個性でいくべきで、色とか格好とかに左右されるべきではない。いまでもその考えに変わりなく、いま私が赤いシャツを着たり、勝手な格好をしているのも、こういう考え方からである。こういった勇気・決断がもてなくてはいいデザインはできない。

石頭を改造する

われわれの最も必要とするものは、金でもなければ機械でもない。一番必要なものは弾力性のある見方、物の考え方であり、アイデアである。アイデアは、人間である。すぐれたアイデアは、すぐれた人間から生まれる。コチコチの石頭からは、アイデアなど期待できるわけがない。石頭の人は、早く自己改造する必要がある。

コチコチの石頭は、まずこの石頭自体からぶち壊さねばならないが、普通程度のものならそう悲観することはない。絶えず広い視野を持つように平素から心掛け、他人の言などにもプラスになるものを学びとることだ。同時に物を作ったりする場合は、一つの方法だけでなく他の方法も考えてみることだ。

納得して働ける環境を

量産工場のラインというものは、よほど考えてつくらなければ、人間が機械に使われてしまうような職場になりかねない。私はまだ従業員が何十人しかいない時代から、生産は時間との競争であると信じ、マスプロ体制を追求してきた。むろんのこと、単なる量的な追求だけではない。私は第一に、若い人たちが納得して働ける工場づくりを心がけた。働くものが納得できず、いやいやながらつくり出すものに、世界の水準をこえる良い製品ができるわけがないと考えていたからである。

また一人ひとりの従業員も、自分の仕事を自分の問題として考え、納得ゆくまで改善していくべきである。

通知表のハンコ

昔は成績通知表に、甲乙丙丁戊とあって戊をもらうと落第だといわれた。ぼくは戊はなかったんだが、丁ばかりがずらりと並んでいる。これは親には見せたくないが、オヤジかおふくろに〝本田〟のハンコを押してもらわなきゃならない。そこらじゅう探してみたんだが、ハンコが見つからない。思いあまって自転車のタイヤのゴムを切りとって本田というハンコをつくり、それを通知表に押したんです。

それを友達に話したら、われもわれもと注文が殺到して、佐竹、鈴木とか友達の名前をいろいろ彫ってやった。そしたらそれがバレちゃった。鈴木とか佐竹とかは、本田の二文字とちがってシンメトリックじゃなかったんだな。

人を慮《おもんぱか》る精神

貿易摩擦については、私もあれこれ考えざるを得ない。ただ、結局はウチのようにやっていれば心配ないんです。つまり、現地生産ですよ。何でも日本で作って売りこもうとするからいけない。だってそうでしょう。かつては最高の自動車生産を誇っていたところが、技術が古くなって日本に追い立てられたら、そりゃさびしいですよ。「侵略された」とも感じるでしょう。だから、向こうの人と一緒になって、仲良く生産すればいい。企業の目的は、国を取ることじゃなくて、物を作ってもうけることなんだからね。国境なんて関係ないよ。どんな国の人間だろうと、一緒にやっていいじゃないか。自分が強くなればなる程、人を慮る精神が必要だ。

個性の尊重

個性の尊重ということは、自己の確立と同様に非常に重要なことである。昔は実物に似ているか否かということが、絵の上手下手の基準となっていた。この頃の子どもは、好き勝手なリンゴを描くようになった。なぜかといえば、作品の中ににじみ出ている個性に注目し、その個性を育成する方向に、教育が変わってきたからである。しかし、作品を鑑賞する見方の支えになっているのは、過去に教えられた見方であり、経験した見方でしかない、というところに問題がある。既成の没個性的な見方を一歩も出ないのである。

折角の新しい教育を、こうした救いのないオトナ達のぶち壊しで、ゆがめたくないものである。

大衆の目

新しいデザインとか新鮮なアイデアというものは、「井の中の蛙」とか「馬車馬」式ではできない。商品である以上、大勢の人が対象だから、皆がどういう欲望を持っているかを見抜かなければならない。

都会のサラリーマンに農村の生活の傾向をたずねても無駄だ。同時に日頃鎌鍬しか持ったことのない人に、いきなり流行の動きへの感想を聞いても、無理なことだし意味もないと思う。ましてや、大衆を無視した机上プランだけではやれないのである。

大衆は、実に厳正で鋭い感覚を持つ批評家である。良い悪いはズバリ判定する。この目をごまかすことは絶対にできないのである。

第七章

時間はすべての生命である

時間はすべての生命である

一日二十四時間という限られた時間から、いかにして人間が自由にできる時間を多く獲得するかというのが、現代のテーマだと思う。すぐれた製品の発明も、生産手段の工夫発見も、医学の研究も、また飛行機がスピードを競うのも、結局このためだと思う。サービスも少なく高運賃のジェット機が喜ばれるという時代である。いまや距離すら時間におきかえられてきた。どんな発明発見も他より一歩遅れれば、もう発明でも発見でもなくなる。このような例は多い。

だから寸秒の時間もおろそかにできない。寸秒の時間が偉大な価値を左右するのだ。現代生活はこうした時間との関連をもって組み立てられている。現代では時は金以上、すべての生命だ。

持って帰れ！

私の主義として、社員からゴミひとつもらうんでも嫌なんです。それを知らない人は、よくウイスキーなんか持ってくるけど、「オレの方針として絶対に受け取らんから、持って帰れ」って、追い返しちゃうんだ。

だから、「上役のところへ何かを持っていかなきゃならん」という心配は、うちの会社にはありません。会社へ勤めているのか、上役のために働いているのか、分らなくなっちゃいますからね。

そもそも、金のないほうが物を持っていって、金のあるほうがもらうなんて、バカなことはない。物をくれるというのなら、社長がくれりゃいい。それがあたり前だと思う。

自立の一ページ

高等小学校に入ってからの私は、何とか自分だけの力で生活してみたいと思ったものだ。父母が厳格すぎたというわけではなかった。とにかく誰からも束縛されず、自分だけの心で住みたい。そういう開放を求める心はまことに強いものであった。

夏休みの一日、私は天竜川の支流、二俣河原に何本か柱のようなものをたて、トタンや枯れ葦などで屋根を葺《ふ》き、まわりをむしろで囲ってインスタント・ハウスをつくった。明るいうちはよかったが、夜になると急に淋しくなり、恐ろしくなる。私は家の明るさが矢もたてもたまらず恋しくなってとんで帰った。まことに他愛のない自立の一ページである。

歴史について

私は歴史に関心を持っている。まだ二十代の若い頃から、昔の人がどんな技術を持って、どんな生き方をしたかということを、私なりに見極めたいと思っていた。

人間の歴史というものは、たしかに過去の記録である。一面で、私ほど前ばかり見て後ろを振り返ることをしなかった者も少ないだろう。子どもの頃の話を出すにしても、それは私にとっては単なる過去の思い出話としてではなく、現在を知り、未来を語るための私の体験として出る話題なのである。歴史とは、いつわりも真実も、気まぐれや偶然も、すべて時代の流れの中でいろいろなかたちをとりながら伝達されてきた、とても価値の高い情報なのだと思う。

学問と商売

世間には、学問は学問、商売は商売と割り切っている人がいる。たしかにそういうこともいえるだろう。しかし、学問が根底にない商売は、一種の投機みたいなもので、真の商売を営むことは不可能だと思う。学問を身につけていない私のようなものがこんなことをいうのは、まことに厚顔のいたりだが、基礎知識も持たずに、ただやりたい一心で飛び込んだ仕事の世界で、そのことを痛烈に知らされたのである。私は二十九歳で、ピストン・リング製造のため、当時の浜松工業専門学校の聴講生となったが、学校の授業はすべて仕事に直結させて学びたかった。私には、学問を修めることより仕事にとっての基礎知識を得ることが大切だった。

一人で世間は渡れない

この世の中は、自分一人で渡っていけるものではない。たとえば会社での生活を見ても、多くの人間が相寄ってひとつの集団をなしている。複雑な仕事をスムーズに進めるためには、上司というタテの関係だけでなく、他部門とのヨコの連絡も密にしなければならないだろうし、お得意様の協力も仰がねばならない。要するに、人間関係の生じない仕事なんてありはしないのだ。

世間では、私のことを成功者だといってくれる。まあ見方によればそうかもしれない。しかし、何事も、一人ではどうにもならないのがこの世の中で、おそらく自分のエネルギーの何千倍、何万倍という協力者が必要なのだ。それを無視して成功なんてあり得ないと私は思う。

金より時間

私のおやじは、時間にきびしい人だった。おやじにいわせると、「地所とか金とかは、先祖の遺産を継ぐなんてことで、人間に平等に与えられていないけど、時間だけは神様がだれにでも平等に与えて下さった。これをいかに有効に使うかはその人の才覚であって、うまく利用した人がこの世の中の成功者なんだ」って。そのとおりだと思いますよ。だから私は今でも、どんな会合にも約束にも絶対に遅れたことはないね。

限られた時間内に、自分の要求をどれだけかなえさせられるかが、人間の目標ですから、スピードが大切なんですよ。そう考えると、この世の中は金よりも時間のほうがずっと大切だということがよくわかると思う。

老兵がいつまでもがんばったら

私は日本の現在の隆盛を考えると、たしかに日本人の努力によって、ここまでになったのだけど、しかし、日本人の努力というのも、元をただせば、日本が負けたことによってマッカーサーがきて、かつての財閥を解体したりして、それまでの工業の指導者であった年寄りがいなくなって、私ぐらい若い人間のパワーが出た。上のほうにいつも年寄りがのっていたら、日本の現在はなかったでしょうね。

だから日本がこのままいって年寄りがいつまでもがんばっていたら、どんどん進む世の中に年寄りが大きなブレーキの役割を果たしてしまうのではないか。老人ばかりになったら、日本は近いうちに没落するでしょうね。

遊びたいから遊ぶ

男の主体は仕事だ。しかし女は違う。私は女房には仕事のことは、一切口を出させません。そして遊びのほうも、「ゴテゴテいうな」っていい続けてきましたよ。でも、遊ぶことについて、理屈はあまりつけなかったな。遊ぶのに理屈をつけるのは卑怯だ。遊びたいから遊ぶ。浮気したいから浮気するんだ。

私は家庭を壊したり、仕事をおろそかにさえしなければ、若いときはそれでいいと思う。遊んでいるうちに、だんだん金に困り、時間に困り、そして友達に嘘をいうようなこともある。周囲から非難されて、頭を抱えこんで悩むようなことがあるだろうけれど、それでだんだん大人になっていくんじゃないかな。

エリート意識の弊害

私は率直にいって、今の会社で上のほうにいる人たちは、多くの場合、エリート意識が強すぎると思っている。現代社会においては、真のエリートなら上にいないはずである。もし上にいるとすれば、もはや本当のエリートではない。

妙なエリート意識をもって、自分の城だけを守り、大衆のいる場所へ下りて来なければ、大衆の心は離れ、たとえ能力があったとしても、それを十分に発揮することができなくなる。そうなると、組織や会社は、もはや個々バラバラな集団の利益のぶつけ合いの場となり、共通の目標や幸福を追求する場にはならなくなる。そういう徴候が多くの企業や社会に現われていることを見過してはならない。

特性を評価し活用する

国家をはじめとしてあらゆる機構の中で大事なのは、その中で一人ひとりの人間の特性が正しく評価され、活用されることだと思う。なぜかといえば、その人間の個性がもつ特性以外に、機構にとって必要なものは何もないはずである。

人間が人間そのものを尊重し、その特性を正当に認めあえば、そこには派閥などという非人間的な関係は生まれない。派閥は特性という人間価値より、学歴・経歴・出身地などといったきわめて偶然的な条件を高く評価する前近代的な感覚の所産なのだ。

このような、人間尊重も、平等の精神もない人間関係ほど、私のカンにさわるものはない。

人情と合理主義の間

弟を切ったときは、覚悟していたから大したことない、と口ではいっていても、覚悟していなかった部分もたくさんあったんですよ。あれは気の毒なことをしたなあと思うし、また一面ではあれでよかったんだ、会社の行末のためにもなったんだ、とも思う。

そもそも割り切れないのが人生なんです。だったら、割り切れないことをするのがいいんだな、とオレはつくづく思った。人情を克服し、自分の気持ちに逆らうことを断行したということ、それをやったのがよかった。本当の人情が解らぬ人は、真の合理主義者にはなれないのかもしれない。私は自分の弱さを克服するため、合理主義に徹してきたんだと思う。

本物の自由人

国家に主権者としての権利を持つ国民には、いうまでもなく国家への義務がある。この自覚と意識は、いつの世でも人間の基本的な条件だと思う。こういう基本的な問題について他人からとやかく指摘されたりすることを、最大の恥だと悟らなければならない。

家庭人として、社会人として自分の意志のままに行動してそれが無意識のうちに、肉親や友人や隣人の幸福にプラスし、社会や国家の発展に寄与できるという自由人でありたい。いつどこでも、自分のために行動しても、それが社会全体の意志や時代の流れに逆行することがなく、それにプラスするような自由人でありたい。

やり方はそれぞれ

私が研究所で黒くなって働いていると、世の中の人は陣頭指揮だといった。これはまちがっている。私は陣頭指揮なんて悲壮感でやったのではない。自分が好きだからやっただけである。

社長の仕事はその企業が正常に運営しているかどうかを判定し、肌合いで感じておけばよい。そしてその上で余暇があれば、ゴルフの好きな人はそれに興ずればよい。私の場合は機械いじりが好きだから研究所にいただけである。二代目、三代目の社長が、やはり私のような技術屋であるなら、私のようにやったらよい。経理畑出身の社長が選ばれたとしたら、普通の社長のように印鑑を押しているのもそれでよいと思う。社長のやり方がちがうのは当然である。

汚れたものは出さない主義

「人に迷惑をかける会社にしたくない」——その覚悟のもとに、企業経営を推進することができた。広大な土地を占有する事業所の敷地が、付近の住民にとって少しでも迷惑な存在であってはならないために、塀で囲むことをしなかった。暗がりをつくらず、見た目にも美しい、明るい、事業所づくりを心掛けた。敷地周辺に必要以上の街路照明をつけたのは、そのためであった。公害には細心の注意を払った。排煙には、社内で開発した脱硫浄化装置で、工場排水には、やはり独自のリサイクル設備で、絶対に汚れたものは出さない主義を守ってきた。

どれも法的な規制などのなかった頃の、本田技研創業時からの公害対策であった。

あいまいさの使い分け

以前、『八甲田山死の彷徨』という映画を見て感じたんだが、あの大遭難は日本人らしい命令系統の混乱のせいだね。あいまいなかたちで命令が下されたため、あの遭難は起こった。そうした管理体制というのは、日本にとても多い。あいまいさというのは、良い面も悪い面もあるから、場合によって使い分けしないとたいへんなことになる。

ひともしごろのどっちつかずの判断を、命令に使っては失敗するんです。西洋ではイエスかノーかはっきりしているから、権利と義務がぴたっと一致する。ところが日本はそううまくいかない。命令系統と人づき合いの使い分けを、これからわれわれは、大いに学ぶべきだろう。

免状なんか焼いちゃえ

経営者は、温情主義なんかでやっていたら、とんでもないことになる。能率主義でいかなきゃならん。

私は、社長だったころ、新しい社員にこういった。おまえたち、大学出たって、大学とウチとはなんにも関係ない。関係あるのは質と量だけだ。だからウチで長く勤めようというなら、免状、焼いちゃえ。こんなことという社長の会社はしょうがないというんなら、免状をだいじに持って、ウチをやめたほうが、おまえたちの身のためにいいってね。アメリカあたりじゃ、能力さえあれば、知らない人でも社長にもってくる、職業紹介所に社長を求めてくるっていう時代だ。そういう点で日本はおくれてるよ。

おもしろいからやる

分らんことがあると、どうしたって気持ちが悪い。また、分ったときのうれしさは、本当に純粋な心の高揚だな。こういうものは、金もうけだけを目的とした人には、絶対味わえませんよ。私が、ヒトダマやＵＦＯに関心を持って研究をしたりするのも、単におもしろいからやるんです。

ヒトダマについては、一応、自分でつくることもできたが、ＵＦＯについては、何の手がかりもつかめていないんだ。私の想像では、戦前はだれもＵＦＯなんか見た人はなく、最近になって騒がれ出した。だから、戦前と今とで大きく違うこと、電気の大量使用とか宇宙飛行とか、そういうものに関係があるんじゃないかな。

勇気とは

勇気というのは、強いからとか、勇ましいから勇気があるというのではない。たとえ、自分にとってどんなに不利な結果になろうとも、自分が真実であり、妥当であると考えたことを認め、それに賛成することこそが勇気である。

人間は所詮、私利私欲もあり好き嫌いもある弱い存在である。堅さ一点張りでやっていけないところに人間らしさがあるのだ。しかし、いつ、どこで、誰でもが納得できること、そういう理想を生き方の中で追っていくことが、とても大切なのだと思う。そうした理想が、ほんとうの勇気にとって欠かせない考え方であり、勇気とは、その理想や目標を通して表われるものである。

川上へ動く石

私の郷里を流れる天竜川は、大雨のたびに洪水となった。水が出るたびに、石が動くということを私たちは知っていた。あまり大きくも重くもない石は、川下へ移動し、川上から移動してきた。ところが、とてつもなく大きな石の中には、水が出るごとにすこし川上へ動くものがある。水勢が石の底をすこしずつ掘るようにえぐって、流されることのない重い石は、川上に向かって静かに傾いていく運動を繰り返したのであろう。平たくて重い石の中には、自分で掘った穴に埋れてしまうものもあった。

「こんどの水は頑固だったねえ。石がだいぶ上に動いているもの」などと子どもの私がいって、大人たちを感心させたものだった。

機能を知り、美をつかむ

私は絵をかくときに、理屈を持ち出す。花なら花が、なぜそういうかたちや色をしているのかという、花の機能を考えてかくようにしている。自然にあるものには、ほんとうに過不足がない。余分なものがなく、それと分らぬ細かな部分にも、すべて目的に応じた機能をもっているのが自然である。花びらや種子が軽い花の茎は細く、重い花の茎は太い。

私はうそのある絵はかきたくないし、またそういうふうにいろいろ観察しながら、技術屋らしい理論の裏づけのある絵をかくことが楽しいのである。対象となるものの機能を知ることによって、そのものが持っている美しさや個性の本質をつかむことができるのだと思う。

人間死ぬまでは生きるのだから

人間、生をうけた以上どうせ死ぬのだから、やりたいことをやってざっくばらんに生き、しかるのち、諸々の欲に執着せずに枯れ、そして死んでいくべき、という考え方だ。

生あれば死あり、早く終うるも命の促《ちぢま》れるにはあらず――これは陶淵明の詩の一節だそうだ。

私流に解釈しても、まことにそのとおりで、社長という〝生〟は限りあるものである。しかし、社長を辞めたからといって、その人の人生そのものが終わるわけではない。人間死ぬまでは生きるんだから、その間に今までできなかった趣味なり社会奉仕の名誉職なりを思う存分すればよいのだ。

人づくり

私は外国にも本田学園のような技術の専門学校をつくろうと思っている。しかし、外国人は日本人と違って「オレの利益のために働くんだ」という考えが徹底しているから、「技術の基本は礼儀である」なんて説明しても、なかなか理解してもらえんだろう。

しかしね、事故が起きて品物をお客さんが買ってくれなくなったらどうする。やっぱりいい品物をつくらなきゃ、商売にならない。相手に喜ばれるような車を提供し、サービスをする必要がある。結局、商売というものは相手を尊ぶことから始まるんだ、というふうに順序立てて説明すれば、分らん人は絶対にないですね。こうなるともう、人づくりだな。

自動車に支えられて

私がともかくも今日までやってこれたのは、子供の頃からのあこがれであった〝自動車〟という、一心に打ち込めるものを持っていたからだと思う。

若いときには、若さゆえの過ちもあった。いろんな誘惑で自分の気持ちがグラグラ揺れてみたり、横道にそれたこともあった。一歩まちがえば、悪の道に入るような崖っぷちを歩いたりもした。

右にいったり左にいったり危なっかしい足どりではありながら、自動車が大きな支えとなって、結局は時計の振子のように中心にもどり、私の人生を大きく狂わせなかったにちがいないのだ。

第八章

冗句はアイデアである

冗句はアイデアである

冗句（ジョーク）は、駄洒落や冗談とは異質なものだと思う。ウイットやユーモアが豊かに織り込まれていなければならない。そのためには、うんと鋭敏な理解力と、幅のある知恵と、人情の機微を察する情味がなければならない。

ちょうど優れたアイデアが生み出される条件と共通している。日常生活の中で、あらゆることに正確な観察力を注ぐこと、絶えずその判断をもとにした進歩への創意工夫を忘れない心構えが、これらの母体となるのである。いってみればどちらも豊かで鋭い批判精神を土台にした、創意工夫のヒラメキであるのだ。洗練された冗句を飛ばせる人間性は、そのまま優秀なアイデアを生む土壌でもある。

若気の至り

遊び盛りの若い頃は、今思うとかなり無茶をやったもんですよ。一度、まったくの若気の至りで、芸者を相手にぞっとするような乱暴をしたことがある。浜松では毎年五月に「たこ祭り」が行われるが、その日友人と二人で料理屋で芸者相手に大騒ぎをしたことがある。みな相当酔っぱらっていたが、そのうち芸者が気にさわるようなことをいったんだ。われわれ二人はそれを聞きとがめて「このなまいき女め」と芸者を二階から外へ放り投げてしまった。その瞬間、パッと火花が散った。外を見ると芸者が電線に引っかかっていて、電気がショートしてあたりは真っ暗。二人ともいっぺんに酔いがさめて、あわてて芸者を助け降ろしたんだ。

料理屋には

私はときに一人で知らない店へ飲みにいくことがあるが、そうするといろんなことが観察できる。店構えとか、サービスとか、女中さんの訓練とか、料理屋には人間的なものがいっぱいあるんだな。料理屋へいくのは、うまい料理を食いにいくんじゃないんです。むしろ、そういうものに触れたいんだ。

この店はこれじゃだめだとか、もっと繁盛するだろうとか、お茶の出し方ひとつ、あいさつの仕方ひとつで分るんですよ。灰皿の置き方にしたって、「あ、これは親切だな」と思ったりしてね。そういうことを発見するのがとても楽しみなんです。私はいつも探求心が旺盛だからね。

実践とは

私の考えでは、実践とはその人自身の生き方そのものの表現である。体験の蓄積を基本として得られた知恵は、その人の生き方を充実させ、創造性と豊かさをもたらさずにはおかない。実践に基づく生きた教育が成り立つためには、前提として親たちの体験そのものの充実と創造性が必要である。模倣する生き方、模倣する教育では、現代の日本が直面している多くの問題を解決することは不可能である。

それには、どうすればよいかという点が最も重要である。それは一人ひとりの人間が自分のあり方、つまりものの考え方について、勇気をもって転換を試みるしかないのである。私は改めて実践の持つ計り知れない力を強調したい。

これからの指導者

ひと昔前までは教育が今日ほど普及していなかったために、エリートというものが存在し、それなりの役割を果たしてきた。しかし、今日では、教育が行き届き、平等意識も盛んである。そういう状態の中では、自分を特殊な人間だといい、それを認めろというほうが無理である。

特殊な人間というものは、もはや一人もいない。その赤裸々な姿は皆同じである。

これからの指導者、たとえば企業における経営者などもそうだが、彼はまず皆の仲間でなければならない。同僚であるという感覚で出発しない限り、多くの人々の協力は得られないし、またその能力も十分に発揮できないのである。

他力本願

人間、腹が減るから、どうしてもカネと名声をつかまにゃならんのだ。とはいっても、若い頃はオレも他力本願だった。そういうと〝正直だな〟といわれるが、若さがなぜ素晴らしいかといえば、それは他力本願だとハッキリいえるからだ。

ところが、もう今のオレのような年になってそんなことといってたら大変だ。年をとれば、必ず他力本願が行き詰まるし、一生懸命やってきたのであればそれなりに経験だって豊かになるから、おのずと自力本願になるだけのことだ。自分だけの力で生きてきたようなことをいうやつは、大ウソつきだな。若者は他力本願を認識することによって大きく育っていくんだ。

イエスマンになるな

これから企業に身を投じるフレッシュマン諸君に、私は呼びかけたい。「イエスマンになるな！」と。

上の人のいうことなら、何でも従うようでは困る。たとえ上司の指図でも、正しいかどうか見極めてほしい。大衆にこびてもいけない。もちろん、大衆の非難を浴びるようなことは絶対しないことだ。上司のいうことでも反対すべきことは反対する心構えを持たないと、会社も良くならないはずである。

経営者も、イエスマンばかりを周囲に集めて権威をふるい、悦に入っているうちに会社が傾いてしまったら、何になるのか。若い人に期待しなければ、国家の存続すら危うい。

行動は全人格の表現

人間の意志を一〇〇表現することのできるものは、文学でも言葉でもないと思う。なぜかといえば文字や言葉は、ときには計算された嘘も入る。場合によっては都合の悪い所は訂正もでき、消してしまうこともできる。しかし行動となるとそうはいかない。また一個の人格をもつ人間であったら、当然、自分の行動はつねに全人格の表現だという自信を持ち、それによるすべての責任をとるだけの覚悟がなければならない。

行動というものはそうでなければならないし、そういうものだと思う。

私は行動を信頼する。行動による話しかけに、私は一〇〇％の表現力を認めている。

事業の根本

いつの時代でも無視してならないのは、一般大衆の知恵であり生活である。とくに現代では、これを無視して、政治もなければ学問もない。まして企業が成り立つわけもない。

たとえば企業にその例をとろう。

一般に良い品を安くつくれば、必ず売れて、事業も繁栄すると信じられているが、そうとは限らない。なぜなら、石臼を如何に巧みに安くつくっても、現代の商品とはならない。

つまり、製作する品物が、その時代の大衆の生活に求められる内容と、美的要素を持たなければならないのである。

事業の根本は、まず時代の大衆の要求を知ることである。

人間は勝手である

人間ってのはつくづく勝手なものだと思うね。自動車に乗って銀座に出かけますね。その時、無神経に前を横切るやつに会うと、「何だこの野郎」とカッとくるけども、車を車庫にいれてものの五分も歩いていて、車がスーと出てくると「何だ、こんなところでスピード出しやがって」と頭にくる。オートバイだってカミナリ族とかいって怒るけど、オートバイにいわせると、何であんなでかい車に一人で乗ってるんだ、という気になる。全部オートバイに乗ったら、道路問題はいっぺんに解決してしまうよ。飛行機だって、自分が免許をとってごらんなさい。こんな便利なら毎日乗って会社へいきたいなんていい出すから。人間なんて勝手なものなんだよ。

ぬくもりのある話を

　私はおじいさん子だった。祖父のふところのぬくもりは幼い頃の私にとって、まことに親しいものであった。浜松の北側に当たる三方ヶ原台地は戦国時代、武田信玄の甲州軍と織田信長・徳川家康の連合軍が戦った、三方ヶ原の合戦で有名なところだ。戦国の歴史は明治の庶民の暮らしの中にも語りつがれてきていた。夜の闇の中で、祖父から合戦の話を聞く。大音声に名乗りをあげつつ、つぎつぎに登場する武将、豪傑たちに憧れているうちに、遊び疲れた私はいつの間にか眠ってしまったものだ。最近は、日本のそうした昔話が、味わい深いテレビや本になっている。ぬくもりのある話を、もっともっと幼い者たちに与えていきたい。

まちがった精神主義

戦時中、私の工場を見回りにきた軍の監督官が、男子作業員は全員ゲートルを巻くよう指示してきた。私は作業の状態から考えて、ゲートルを巻くことはとても危険だからと反対した。ところが、監督官の軍人は、頑として命令だからという。彼は、その不合理性が分っていても、観念のお化けのようになって、「大和魂をもって取り組めば、金属の火玉など恐れることはない」なんて気が狂ったようなことをいってすませていたのである。まちがった精神主義ほど手がつけられないものはない。

今の組織の中でも、命令が機械的に押しつけられているようなところがないかどうか、常に注意をはらっていなければならない。

車を見る目

オートレースなんか、あんなうるさいものどうしてやるんだって、年寄り連中は非難する。事実、一般大衆は故障もなくちゃんと走れれば、別にレースに優勝した車種を求める必要もないだろう。

ところが、若い世代、あるいはスピードに興味を持つ人たちとなると、そうじゃないんだ。自動車競走に勝った車に乗りたくてしようがないんだな。「ホンダの車は技術が優れているからレースに勝った。その車にオレは乗っているんだ」というプライドがある。その車を買うことによって、自分に誇りが与えられるんです。一般の人も、だんだんと目が肥えてくれば、必ずそうなりますよ。

真正面から戦う

いまはそんなことはないし、いまとまちがえては困るけれども、私たちが伸びてくるときにはいろいろな抵抗があって、それと真正面からぶつかって戦った。それだからうちが残っているわけですよ。それは自分に自信を持っているからで、その自信がどこからきているかといえば、自分はもともと自動車屋です。自動車の技術屋で、オートバイの技術屋であったから、これならこうやったほうがもっといいんだ、よりベターだということを、自分自身知っていた。オートバイで自分の見通しがまちがっていなかった自信があるから、今度は自動車にもなれる。だから、通産省の「特振法」には、生まれてあのくらいしゃくにさわったことはなかったね。

松の木をかくには

絵をはじめてすぐのこと、私は松でもかいてやろうと思って画帳を手にしてみた。ところが、いざデッサンにとりかかったものの、私の手はいっこうに動かない。松の木というものが、実際にどのようにして生え、枝わかれし、葉をつけているか、その樹皮の感じといったものが、あきれるほどつかめていなかったのだ。

私はショックを感じて、庭にとびおりた。松の根っこへいき、あらためておなじみの木を見直したのである。「ああ、なるほど、こうなのか」と、私はひとつずつうなずきながらスケッチをせざるを得なかった。そうして、やっとのことで、松の木の体質に近いところを知ることができたのである。

唯一の勉強法

私は小さい頃から勉強が嫌いだった。学校から帰ると、いつも機械いじりに熱中していた。だから成績は、もちろん悪かった。そんな私だったから、ここまでくるには失敗に失敗の連続だった。

けれども私は、自分の好きな道だったからつらいと思ったことはない。血のにじむような思いで仕事に取り組んだことも何度かあったが、それも自分の仕事を成しとげるための過程だと思って、耐えてきた。むしろそれが私の唯一の勉強法だった。学校では勉強嫌いで、基礎知識がなかったから、やむなく実地の体験の中からむしろそれを身につけなければならなかったわけだ。私にはその方が性分にあっていたともいえる。

テレビと子ども

昔、テレビで対談をやったとき、「テレビが盛んになって、子どもが勉強しなくなったと親から非難されるが、社長はどう思うか」と聞かれたことがある。それで私は「子どもの教育は学校だけのものではない。テレビはいろいろな社会情勢を知らせ、みんなの考え方を多面的に知るにはなかなか大きな役割を果たしている。勉強というものを、そう小さな枠にはめて考えないでほしい」と答えておいた。

子どもの個性や能力といったものは、日常生活の中に生き生きと表われている。その個性や能力を、大人はまず発見し、そしてどんどん伸ばす方向で指導してやらねばならない。テレビを見ることも遊ぶことも、みな勉強なのだ。

成功したわけ

私は運が良くて、まがりなりにも成功したけれども、神仏崇拝者ではないから、「これは神様のおかげだ」などと自分を納得させたりはしない。かといって、自分が一生懸命やったから成功したんだとも思わない。うちの会社には四万人の従業員が働いているし、協力工場を入れれば大変な数の人たちが頑張ってくれている。私が今日こうしていられるのは、すべてその人たちのおかげですよ。

もし、私が何かの宗教に凝って、「神様のおかげで成功したんだ」なんて思ったら、これまで私を応援してくれた従業員や、私のファンの人たちに申し訳ないと思う。みんなの苦労や努力こそが、私の成功を支えてくれたんです。

歌舞伎町で考えたこと

私は同じ年代のジジイのうちでは、かなり遊んだほうかと思う。芸者遊びにしてもなんにしてもとことんやってきた。その私が、某日、新宿へ出かけていったが、結論からいうと、私は何をして遊べばよいのか分らなかった。第一、どんな遊びがあるのかすら見当がつかなかった。ところが、見わたしてみると、若い人たちはあふれる遊びに振り回されるでもなく、全体を把握認識したうえで、自分が金を投ずべき何かをしっかり選択している。

年寄りがいつまでも経営の第一線にしがみついているのは、こうして歌舞伎町をわけも分らずうろうろしている私と同じだと思った。うかうかしてたら、身ぐるみはがされかねない。

下手な酸素づけ

　私は東京へ来てから、もう何十回も引っ越しをしている。ある時、昼間しか見にいったことのない家に引っ越して、夜会社から帰ってきたら道に迷って自分の家が分らなくなってしまったことがある。そこらじゅう歩いてみても、全然ないんだ。

　その時、門のところに下手くそな酸素づけがしてあったのを、ふと思い出した。そこで方々の家の門の酸素づけを見て歩き、やっとそれを見つけた。でも自信がないので、「今晩は、本田さんのお宅はここですか」といって玄関を入っていったら女房が出てきてしかられちゃった。下手な酸素づけに気づかなかったら、一晩中迷い子になっていただろう。商売からくる習性というのは、本当に恐ろしいものだ。

土台からつくる

ＨＯＮＤＡ一三〇〇でオートマチックを出したんですが、本当はトヨタさんのアイシンワーナーに注文したほうが早いし、パテントを買ったほうが早いんだけど、みんなうちでやったんです。オートマチックだけで、四万五千もの特許がある。さあ、うちの連中もお手上げなんですね。

しかし、特許というのは、一分経てば過去のものじゃないか。しかも神様がつくったものじゃあるまいし、やれないわけないだろうというので、みんなで分担して考えたんですよ。できましたね。こんなバカな努力をする会社はどこにもないと思うんだね。しかし土台からやるというのが大事なんだね。

子どもと情報

最近、父親の権威の低下が深刻な問題となっている。昔の父親は子どもたちの尊敬をかちえていた。その理由の一つには、父親から多くの知識が得られ、また生き方について学ぶところがあったからだと思う。父親がもたらす情報は子どもにとって常に新鮮であり驚異であり、彼はいつも、不可思議な社会の代表として子どもの前にそびえ立っていた。ところが、ラジオ・テレビの普及がこの関係を変え、今ではある意味で子どもたちのほうが親よりも多くの情報を持つようになっている。

われわれが注意しなければならないのは、子どもたちが獲得したと思っている情報の性質である。それらはすべて、仮性のものでしかないのだから。

幸福の瞬間

オートバイをつくるようになってからのこと、世界に挑戦するためには世界を知る必要があるというので英国へいった。レースを見ていると外国のマシンはわれわれの三倍ほどの力を出して走っている。この時の私の挫折感は言葉ではいいつくせないほどのものだった。私は向こうのすぐれた部品を全部買い、競輪の選手のような格好で戻ってきた。そして、基本から検討し直そうと、研究所をつくったのである。

われわれは寝食を忘れて研究に没頭し、機械的にはこれ以上のものはできないというところまで漕ぎつけ、再度世界にチャレンジした。結果は三種目すべて優勝という勝利に終わった。私にとっては、まさに充実しきった幸福の瞬間であった。

必要は発明の母

終戦のとき、ほとんどの会社は坪何十銭という地所をたくさん持っていた。戦争中に兵隊さんの勢いをかりて、材料も確保していたんだ。ところが、ソニーとかわれわれとかは戦後一年も二年もたってから、無一文で仕事をはじめた。

無から有をつくるには、アイデアしかなかった。外国の工場を見にいって、床に落ちていたクロスネジをこっそり拾ってきたこともある。日本には当時クロスネジがなかったんだ。自分のところで、それをつくり出して組み立てをはじめたら、グーンと能率がよくなった。

まさに、必要は発明の母だ。何しろ新しいものをつくったり、今までとちがった工夫をしなくちゃ食っていけなかったんだからね。

第九章

喜びを求めながら生きる

喜びを求めながら生きる

私はたえず喜びを求めながら生きている。そのための苦労には精一ぱいに耐える努力を惜しまない。

しかし、私はどんな喜びでもいいと思わない。自分には喜びであっても、それが社会正義に反していたり、人間としてのモラルに違反していたら、駄目だと思う。そのために尽す努力も無意味なことだと思う。たとえば犯罪者が犯罪に成功したときの喜びなど、まさにこの類である。人間が苦労に耐えながら追求する喜びは、必ず正義でなければならないし、他人の犠牲を必要としてはならないし、同時に他人の喜びに通じるものでありたい。自分の喜びを追求する行為が、他人の幸福への奉仕につながるものでありたい。

ラーメンを全部買い取る

私は寝ていてもいいデザインが頭に浮ぶと、どんな深夜でもすぐ紙とエンピツを持ってこいと女房に怒鳴る。

ある冬の夜のこと、私は寝室で新デザインに関する考えごとをしていた。ところが中華ソバ屋のチャルメラの音がどうも耳についていけない。集中できないのである。ソバ屋も商売、売るためには笛も吹かなきゃならんだろう。

私は女房を呼んで、その夜なきソバ屋が持っていたラーメンを全部買い取ってしまった。静寂が戻り、やっと考えに集中できた。

人の好み

人の好みはさまざまである。それをすべて満足させることは不可能だ。商品をつくる場合でもそうだし、人間関係を見てもそれはいえる。

一例を挙げればこうだ。自動車を買うとする。スタイル、カラー、機構まではそれぞれの人の好みで選べる。

しかし性能、つまり馬力となると、好みはいっていられなくなる。同一容積の出力に差があれば、恐らく最終の決定は好みにはよらない。馬力の強さが決定するはずだ。

人間関係でも、人の好みだけに迎合しようとしたら、ついには自身を失ってしまう。しかし自身の能力を高めれば、人の好みはもう発言力を持たなくなるはずである。

会話に名前を入れる

国際感覚から見ると、日本人はマナーが悪いと批判される。日本的感覚で受けとめるマナーを作法と直訳するが、実はまったく異質なものだ。日本でいう作法のように、七面倒な約束ごとばかりの形式ではなく、素朴な人間感情を、ごく自然に表現して伝え合うことだと思う。

たとえば、マナーの基本に人の名をおぼえるということがある。挨拶にも、会話の中でも相手の名前を入れて、「私とあなた」を確認しながら話を進めるのが、欧米人の流儀だ。日本人には、これができない。日本人が厭がられる最大の原因の一つに、このごく簡単な現地の人の名前を、会話の中に入れないということがある。この点で、日本人は想像以上に損をしている。

ゴマカシは通用しない

人間、理屈をつける気になると、相当に無理なことも一見モットモらしい正当づけ、あるいは合理づけができるものである。高等技術を駆使する連中にかかると、権威づけまでやってのける。こうなると、言葉を自由に使いこなせない人間は、手も足も出ない。だから私は、言葉や文字を信用できない。科学や技術の世界なら、そんなゴマカシは通用しない。理論にまちがいがあったり、飛躍があったりすれば、実験がすぐに「それはまちがっている」と指摘してくれる。小さな部品が一つなくても、機械は絶対に動いてくれない。こんなシビアな世界で暮してきたせいか、私は言葉や文字を使う商売の人たちを、どうも百%信じきれないものがある。

課長がいちばん大事なポスト

課長クラスというのがいちばん大事なポストだね、人を見るためにね。重役あたりになれば、そうよく目が届かないからな。

ところが自分の部下をたくさんほしがる課長は、みな悪いんだ。部下を少なくして、ほんとは自分の課をなくしても、ちゃんと仕事ができていくようにするのが、課長の目的でなきゃならん。それが能力のない課長ほど、自分の部下をほしがる。

いちばんむずかしいのは人間を管理することですよ。機械はいっぺん据えつければ動いてくれるし、こわれりゃなおすこともラクだ。人間は上から下から、横から縦から、しっかりと見て評価を与えなきゃ、うまく管理できない。

我流で改造

技術屋というのは理屈っぽい人間が多いですよね。何でも理屈で割り切ろうとする。ボクも技術屋の端くれを自負しているから、「ゴルフも理屈だ」というわけで、やりはじめの頃はクラブを片っ端から我流で改造しちゃった。

たとえば、ボールを打つ力の大きさは、クラブヘッドの重さに比例するが、打ちおろすスピードの二乗に比例する。そこで、ウッドの先をジャカジャカ削ってフェースを小さくしてしまった。ある時は、ほかの人のボールにはスピンがかかってうまく止まるのに、ボクのはさっぱりスピンがかからん。スピンをかかりやすくしてやろうと、アイアンの溝を削って深くした。プロからこれも禁止されているといわれましたけどね。

たったひとつの仕事

人が職業として選べるのは、たったひとつの仕事である。自分はこれが好きだと思い、自分はこれを職業としたいというものを発見させるのが、教育の主眼のひとつであろう。

私の場合、父や母がやかましく「勉強しろ」といってくれなかったことが、結果的にはよかったのだと思うのだ。小学校の尋常科を出るときも、「中学へいくかい」ときかれたが、「いや、中学はいきたくない。高等科（高等小学校）を卒業したら、早く自動車の修理をおぼえたいから」と私は答えた。いまの時代だったら、「高校だけはいっといたほうがいい」などといわれて、いやいや十八歳まで授業を受け、悶々として時間と身体をもてあましていたにちがいない。

人類が積み重ねた知恵

発見はあっても発明はない——という言葉がある。一見、独創的に思える発明も、そのどこかに、これまで人類が積み重ねてきた何千年という時間や知恵が生かされているからである。砲弾やロケットの推進翼（尾翼）と、弓矢における矢羽根の似通っている点なども、時代の先端をいく技術と同じレベルの発想が、はるかに過去の先人たちによって生み出されている好例である。また、大空を鳥のように飛びたいと願った人類の夢は、いろんなかたちで実現してきたが、飛行機の翼、とくにフラップ翼や引き込み脚など、鳥からの発見そのものである。新しい技術の中のそうした古くからの知恵を思うと、発明などと大きな口はきけないようだ。

モテるために遊びにいく

私も、酒はふんいきで飲むほうだ。うれしいときや、憂いを払いたくなるとき、と条件はいろいろだが、好きじゃないけど飲みたくなるのである。酒に飲まれちゃうようなお酒飲みは嫌いだし、軽べつする。芸者を呼んで、彼女らが踊りや歌で座敷をつとめているのに、ほどよく注目してやれない人も私の友ではない。

遊びにいくのはモテにいくことだと私は信じている。縄のれんや、煮干しをかじって立ち飲みする酒屋の店さきにいくのだって、どこかしらモテるためにいくのである。

「ああ、よくモテたな。今夜も楽しかった」という満足があれば、仕事にもまた精が出るというものである。

人生そのものがバクチ

私は自分の人生そのものが、ひとつの事業に賭けていた。自分にとって、これほど大きなギャンブルはないわけだから、友達同士で取ったり取られたりするようなギャンブルは小さく見えて仕方がなかった。

この点は、同志であった藤沢武夫も、私とまったく同じ考えだった。はじめて彼に会ったとき、「ばくちはやるか」とたずねると、「人生そのものがばくちだと思っている。ハナやらサイコロなんて小さいよ」と、私と同じことをいったものだ。二人とも事業に対して、大きな望み、見果てぬ夢をもっていたからそういうことがいえたのだろう。もし、賭けごとの世界に顔をつっこんでいたら、その後の成果はありえなかったと思う。

若さの特権

私はつねづね若い社員にいっている。

「前世紀の考え方から一歩も出られない先輩から〝いい社員〟だなんていわれるようじゃ、その先輩以上に伸びやしない。上司の顔色ばかりうかがって萎縮して生きるような人間は、日進月歩する現代には通用しない。先輩ににらまれるのを恐れていないで、若者らしく勇気をもっていろいろ経験し、視野をひろめろ。ある程度の行き過ぎや過ちがあったとしても、それが前向きの、正しいと信じた行動であれば、〝若気の至り〟として許される。これこそ若さの特権なのだから、むざむざ浪費してはいけない」と。

仕事にも、人生にも、大いに「若さ」を発揮することだ。

石地蔵の鼻

私はとにかくいたずらの度がすぎた子供であった。数あるいたずらの中でも、忘れられない思い出がある。私の家の隣りにある石屋さんでのこと、前々からその石屋さんがつくっている石地蔵の鼻の形がどうしても気にくわなかった。私のイメージのように彫ればきっと素晴らしい顔になるのだがという気持ちが、石地蔵を見るたびにむらむらと起こってくるのだ。

ある日、そこのオヤジさんがお昼どきで仕事場をはなれたスキに、金槌とノミを手にコツコツといじりまわしているうち、どうしたはずみか鼻がポロリと欠けてしまった。さすがの私もびっくりして逃げ出したが、すぐに見つかって、目玉がとび出るほど怒鳴りつけられたものである。

死にそこなった思い出

私は死ぬことについてあまり恐怖がない。私はこれまで何回も死にっぱぐれたことがあったので、死ぬことがそんなに大変だとは思っていないんです。

若い時、自動車レースに出て、ゴール寸前に衝突して、あわやこの世とおさらばということもあった。子供の時、杭のたくさん打ってある川岸で鬼ごっこをやっていて、足を踏み外し、杭がみぞにおち、ドンと当たってひっくり返っちゃったこともある。その後も、小学校で野球をやっていたとき、前のヤツが放り投げたバットが私の胸に当たってね、意識がなくなっちゃった。そのまま目が覚めなければ、おしまいだった。死ぬってことは、けっこう簡単なもんだよ。

脳の構造

教えられたことをおぼえるだけなら、電子計算機はみんなおぼえちゃうよ。よくおぼえたものは成績がいいなんて、コケなことだな。

学校の成績がいいやつで、仕事のできないやつがたくさんいるんでね、おかしいと思って、医務室へいってきいたんです。脳の構造はね、考えるところが大脳で、運動神経を扱ってるのが小脳。ものをおぼえるところ、電子計算機のコンピュータの役目のところは、どのくらいの大きさだっていったら、この脳のなかで親指ぐらいのもんだそうだ。してみると、親指ぐらいのものが成熟したか、せんかで、成績がいい、悪いなんて答えを出すのは僭越だね。いまの学校はその答えを出して人間の一生を左右しちまう。

勉強になる場所

花柳界でほど僕はナマナマしい勉強をしたところはないな。人を見るには、ほんとうにあそこはいい場所ですよ。

芸者はそりゃ顔には出さないが、やはり客の好き嫌いはありますよ。あいうところでいばるやつは最低だね。ひとの金で、タダで飲んだり、芸者を抱こうという男も最低。まあ、遊びはやはり自分の金を使わなきゃダメよ。自分の金を使えば、モテたいじゃないの。そうしたら、どうしたらモテるかを必死になって研究するわね。

まあ、こんなふうにいうがね、僕は何も、人間修養のためや、つきあいのために芸者買いにいったんじゃない。それはあとからくっつける理屈でね、いきたくてたまらないから、せっせといっただけよ。

レースに勝つ

レースというのは、技術のバランス、進歩を競うメーカーの戦争の場なんです。その製品のよい面、悪い面がすべてレースの中に出てきますからね。強いヤツは必ず勝ち、将来世界のマーケットを獲得するという、いわばお墨つきをもらうところなんだ。とにかく勝たなきゃだめですよ。

自動車だって、オートバイだって、世界市場に挑戦しようと思ったら、ただ「うちの車はいい」といってたって、らちはあかない。国際レースに出て優勝しなきゃ、だれも認めてくれませんよ。

要するに、レースっていうもんは、技術改善と宣伝の一番手っとり早い手段なんです。

何事も真剣に

私の人生は危機の連続の中から生まれてきた、不思議な力の積み重ねだったといえるだろう。追いつめられた危機的な状態にたたされた人間の行動は、常に真剣さを伴っている。私ほど社員を怒鳴った人間はいないかもしれないが、それは真剣だったからだと自分に弁解せざるを得ない。私はどんな場合でも真剣だったし、そのために失敗しても挫折するということがなく立ち直ることができた。

私にとっては今していることが大きい仕事なのか、小さい仕事なのかという区別は何の意味も持たない。小さなものがどんな大きなものに発展するか判らないというのが、人間のやる仕事なのである。こうした観点からも、私は何事にも真剣さを求めてきた。

階層意識を排す

私には、そもそもブルーカラーとホワイトカラーという言葉があることもまたそれが何か重要な意味を持っているかのように扱われている状態も不思議に思われてならない。同じ人間同士をそんな風に分ける意味はどこにもない。

ヨーロッパには、階層意識が非常に強く、急激には改まりそうにない国が多い。幸いにして、日本ではヨーロッパほど階層意識は強くない。特に、敗戦によってわが国における階級というものが破壊されたことは、われわれ日本人にとって、非常に幸福なことであった。これからの企業においても、経営者はもっと大衆の中に入り、ブルーカラーとホワイトカラーの差などぶちこわしていかなければならない。

エンジンとの出会い

人間には、誰でも夢や希望があると思う。とくに若い頃は、あれもしたい、これもしたいという欲望が次々に湧いてくるものである。

私もまた、人一倍夢の多い人間であった。私が機械の道に入るきっかけは、四、五歳のときであったように思う。ちょうどその頃、私の家の近くに精米所があって、そこでドカン、ドカンとものすごい音をたてて焼玉エンジンが回っていた。そのエンジンを精米所のオヤジがときどき調整しているのを見て、私もそれに触りたくて仕方がなかった。子供は大人がやっているものをすぐ真似したくなるものだが、おそらく私がエンジンというものに興味を示したのは、そのときが最初ではなかったかと思う。

冗句のない人生は無味乾燥

これまでの日本人の生活にはウィットやユーモアに富んだ冗句《ジョーク》というものが閉め出されていた。重苦しい沈黙の中で、堅苦しい姿勢で、表現することを押えつけられて生きてきた。

人間は機械とちがって一定の能力を連続して発揮できない。疲れ、飽き、たちまち効率が落ちる。このために人間には休息と気分転換が必要なのだ。冗句は単調な生活に句読点をつける瞬間的な笑いの慰安であり、警告であり、気分転換である。これによって緊張から解放され、疲労を忘れさせ、気分を明朗に活気づけてくれる。故に人生は明るく楽しく保たれるのだと思う。洗練された冗句がどんどん飛び交うようにならなければ、陰気な微笑は私たちの顔から追放できない。

独楽は廻る

私は好きなことだけをやり続け、常識にかかわらぬ野生的な個性をむき出しにして、気儘に生きてきた技術屋である。今日あるのは、第一には仕事の面では私に欠けた才能を発揮して、私の片腕になってくれた藤沢武夫の存在である。第二に、私を信頼して集まってくれた従業員の存在である。かりに私の企業を回転する独楽にたとえれば、私と藤沢が心棒をつとめ、従業員全体が有機的に結合して独楽を形づくって、回転させてくれたのだ。その独楽の回転を、見えざる力でコントロールしてくれたのが、経営実務を担当してくれた藤沢であった。すでに私と藤沢との力は不要となった。新しい心棒とそれを回転させるブレーンが独楽を廻し続ける。

パイオニア精神

日本人はとかく自分に理解できないものを、否定しがちだ。それがどのように理論的であり、自然の理にかなっていようとも、大抵は「ダメだ」「冒険だ」と一笑にふしてしまう。

古い経営者の頭で考えれば、私のやってきたパイオニア的仕事は、たしかに一種の冒険かもしれない。しかし私にいわせれば、ちゃんと理論が成り立たなければ、何ひとつやっていないのだ。人が納得するより、自分自身が納得できてはじめて手をつけるというのが、私のやり方である。需要ははじめからあるものではなくて、メーカーのアイデアと、生産手段がつくり出すものだと私は考えている。が、パイオニア精神のない人からみれば、これほど危険なことはないだろう。

失敗を恐れるな

日本人は、失敗ということを恐れすぎるようである。何かやろうと思って失敗するより、じっとしていたほうが賢明だという考え方が、身についている。完全にロスである失敗も、向上の芽生えである失敗も、区別する合理的な見識がない。失敗すれば、「馬鹿なやつだ」「出すぎた真似をするからさ」と冷たい嘲笑と非難を買う。これでは日本人のあらかたが去勢され、「コトナカレ主義」にちぢこまるのも不思議ではない。

しかし、これではいけないのである。なんとかして、日本人の根性からこんな無気力な考えを追放しなければいけないのだ。どだい、失敗を恐れて何もしないなんて人間は、最低なのである。

第十章

発明は恋愛と同じ

発明は恋愛と同じ

昭和二十七年、私は仕事を通して得た数々の発明工夫に対して、「藍綬褒章」をもらった。

授章式の席上で、高松宮殿下が私に、「発明工夫というものは、随分と苦しいことでしょうね」とお言葉をかけられた。そこで私は、「発明は恋愛と同じです」とお答えした。「苦しいと思えば苦しい。楽しいと思えばこれほど楽しいことはありません」。殿下は私のおっちょこちょいな説明に、一瞬妙な表情をなさった。

家へ帰ってこの話を妻にすると、急に真顔になって、「あなたはまたどこかで、そんな苦労を……」と責められた。藪をつついて蛇を出したわけで、弁明に大汗をかいたものだ。

会社の名前

本田技研は株式会社でありながら、本田という名前をつけたために、個人企業のように思われるのはよくないね。ソニーの井深さんのほうが利口だった。

おれはこんど生まれたら、本田なんてテメエの名前をつけないぞ。公私というのを、わたしはキチッと分けてるつもりだ。

うちの女房だって会社へきて私に会うときは、ちゃんと面会伝票に書いていますよ。

それで会社の名前はね、こうなったら、もう変えるわけにゃいかねぇ。我慢しているけどね。

デザインの基本

あるとき、車のデザインのために、奈良、京都を十日間ぐらいかけて、じっくりと見て回ったことがあった。神社や仏閣に見られる造形的な感覚には、私はたしかに素晴らしい美感、そして量感を見出した。

しかし、それを生のままで、新製品のデザインに持ち込んだら、アナクロニズムである。現代性というふるいにかけ、そのエッセンスを抽出して、現代のデザインに吹き込まなければ意味はない。たとえば、仏像のいわゆる眉から鼻にかける線のすばらしさ。私はドリーム号のタンクにあるエッジは、その線を頭に描きながらデザインした。そして膝あての部分は半曇りにして、ソフトな感じを出すことに努めた。

他人に迷惑をかけない

ボクのゴルフは、冗談が多いんですが、これもどうせ遊びなんだから、エチケットを守っていれば、あとは愉快にやらなきゃソンだという主義からなんです。林の中で難渋すると、ボクは大声で、

「キャディーさん、この前あずけたノコギリ、ちょっと出してくれ。その木が一本ジャマだから、切ってしまおう」

とまあ、こんなバカなことといっちゃ、大声で笑って、和気あいあいのゴルフを楽しむんですよ。ゴルフはエチケットがうるさいとかどうとかいわれるが、細かいルールはともかく、基本は、〝他人に迷惑をかけない〟という人間社会に必須のルールを守ることなんです。それは経営者にとっても、一番大切なことです。

世界一への道

つねにわたしを駆り立てたのは、きのうより今日、今日よりは明日へと僅かではあるが、問題が一つひとつ整理され、解決され、さらにわたしにとって未知の領域が、次々に現われてくることであった。

世界一たりうるオートバイの実現が、近づけば近づくほど、新しい問題と未知の分野を発見しえる喜びに、わたしの心は躍り、何日も寝食を忘れた日々があった。こうした狂気に満ちたわたしを、温かく支援してくれた人々のおかげで、わたしのアイデアは、次々に具現化され、ついにオートレースとして著名なマン島のレースで、ホンダのオートバイは世界一の栄冠を獲得することができたのである。

年寄りのほうが世間知らず

自分では若いつもりで、飛行機を操縦したりオートバイをすっ飛ばしたり、派手な色柄の服を着て喜んでいるが、私は要するに八十近いジジイである。世界のジジイ経営者同様、このジジイも、おれはだてに年をとっちゃいない、若い者が真似できない体験をしてきているし、いろいろ見てきている。そうした知恵はきっと役立つはず……と思わなくもない。それを認めた上で、私は老人は社会の一線から早く身をひくべきだと考えるのだ。理由は、今の世界というものは年寄りのほうが世間知らずだからだ。昔は若い人を世間知らずといったものだが、現在は逆。急激な世の中の変化に、もはや老人はついていけなくなっている。

無心になる楽しみ

難題をどう解決するか、得心がいくまでやるのが僕の主義。趣味で始めた絵でもそうですね。

どう描けばよくなるか、わからないところはわかるところまでやる。解決できるまで執念深くやるんだね、僕は。仕事もそうだった。女房が食事といっているのに気がつかない。夢中でやる。

むずかしいことに取り組み、いろいろ工夫をする。没我というのか、頭の中がカラッポになる。無心になる。この時間が何にもまして楽しいと、僕は思っている。

ほめることはむずかしい

私はあんまり人をほめませんね。ほめるほうがしかるよりむずかしい、とよくいわれますが、ほめるのがむずかしいのは、だれかをほめると「あんなことならオレもやった。あいつをほめて、オレの時にはなぜほめないんだ」と思う人が必ずいるからです。人間だれだって、うぬぼれが強いからね。私は「お前は偉い」なんて、人前でいったことは、いっぺんもありません。われわれが人をほめるときは、感覚的にほめてしまうことが多い。しかし、そういうヤキモチを焼きかねない第三者がいることを考慮しなくちゃいかん。怒るときはそんなことを考えていたら本気で怒れませんよ。ほめるときと、しかるときの差はそこにあると思いますね。

父の姿

映画やテレビの時代劇に刀鍛冶が仕事をしている場面が出てくるが、子どもの頃に父が刀や包丁を鍛えるところを見て育った私には、いささかもの足りなく感じる部分がある。

刀鍛冶はコンダクターのようなものである。力いっぱい鎚を振りおろす向こう鎚に対して、つぎはここだよ、というように小さなハンマーで鍛え打つべきポイントをさし示して、トンと叩くのである。瞬間的に打つべきポイントを見極めていくのが名匠である条件のひとつだ。父がトンと打つ。二人の弟子が向こう鎚である。その調子が遅れても、鎚の面が平らに入らなくてもいけない。それこそ真剣勝負だ。その懸命な姿が、いまでもはっきりと思い出される。

シャガール邸にて

一九八〇年の暮れにヨーロッパへいったとき、フランスの知人からシャガールに会いませんかといわれた。当時九十三歳のシャガールは、南仏の別荘地サン・ポールに住んでいて、なお絵に対する情熱を失わず、元気に暮らしていた。めったに人に会わないことで有名な人らしいが、ご夫妻とも上機嫌で私と妻を迎えてくれた。「あなたの絵は、日本でもずいぶん好かれている」というと、「どうしておれの絵が、そんなに理解されているんだろう」ときく。「自分も無我夢中で設計の仕事をした経験があるが、そういった〝無〟の境地が先生の絵にもあるんじゃないですか」というと、シャガール先生は大きくうなずいて、ふたたび握手を求めてくれた。

相互関係を尊重する哲学

こちらが悪ければ、悪い人間が寄ってくる。こちらが信用することによって、信用される人間が生まれる。私は今日まで、ずっとこう思ってやってきた。

私は長年、自分の得意で好きな仕事に打ち込むため、わが家の金勘定や財産管理などの一切を他人にまかせっ放しだった。第一線で会社を代表していた時代から今日まで、社印も実印も見たことがないというのは、ほんとうの話である。そういうことが得意で、きちんとやってくれる人を信用し、まかせておいたほうが、私は私の生涯の時間を有効に使えるからである。相互関係を尊重する哲学に支えられていれば、どうやらそれが可能になってくるのだ。

自己弁護について

人はしょせん、自己弁護の中で生きている。このことは、非難されるべきことでも、責められることでもない。

誰もが、心の中に自惚《うぬぼ》れと同時に、他人によく見られたいという願いを持っていると思う。これは万人共通だ。わざと自分を悪く見せかけたりする人も中にはいるが、そういう人に限って、根はひと一倍恰好よがりの性質を持っていることが多い。

私は、この自己弁護の本能があって初めて向上心や進歩があるのだと思っている。動物たちの自己弁護は、保護本能というべきかもしれないが、人間の自己弁護は、意識的に行われるからである。

困ることの大切さ

人間が、いろんな問題にぶつかって、はたと困る、ということは素晴らしい〝チャンス〟なのである。その人が過去に積み重ねてきた知識を総動員し、最良の手をうつ判断をしなければならぬからである。思いあぐねて、人の手をかりることもあるだろう。そこで、自分の力の足りなさを自覚し、知恵や力をかしてくれる他人の存在を知るのもいい経験である。

そうした中で成長していくためには、素晴らしい友達をつくることのできる能力、謙虚に他人にものをたずねることのできる性質が必要であろう。ところが、これらはいずれも今日の教育から学びとるのはむずかしい。私は、こういう能力こそ生きた能力だと思う。

遊びの哲学

私の人生は仕事で明け暮れはしたが、遊ぶのもまことによく遊んでいる。芸者の踊りや歌などに対して、私はなるべくきちんとした態度で注目する。彼女たちはそれを心から喜ぶのである。これは、私のささやかな人生哲学たる、相手の身になることとの初歩なのだ。金を出すのはオレだというので相手を無視したところで、そこに何の楽しさがあるだろうか。遊びというのは、大切なものである。遊びのへたな人間は好かれないし、商売もできない。またとない時間を、その場にいる人たちとみんなで、より楽しく、よりほがらかに、共感の笑いとともに過さずして、何の遊びだろう。私はずっとそう思って遊びをしてきた。

「若さ」は失われやすい

「若さ」は失われやすい。世間には過去の古いカラに閉じこもって、手前勝手な考え方を若い人たちに押しつけようとするオトナがたくさんいるからだ。「若さ」は意地悪な視線にとり囲まれ、もみくちゃにされるのだ。その上、彼らは若者のすることに眉をひそめ、「今の若い者は……」と舌うちして、したり顔でもっともらしいお説教を押しつけてくるのだから、たまったものではない。

どこにも必ず、そういった連中が何人かはいるものである。そして若者は、いつの間にかそういう連中の顔色をうかがい、萎縮して、若者本来の素直で、のびやかな芽を、自らつみとりゆがめてしまうのだ。

いたずらと個性

人間は顔や形が違うように、個性や性格も違っている。だから自分の個性をのびのびと発揮していくことが、生きがいある人生を送るうえで何よりも大切なことではなかろうか。

ところが、現代の教育はその個性や性格を果たしてどれほど尊重しているだろうか。私は、通信簿の成績は決してほめられたものではなかった。けれども生まれつき手先は器用で、物をつくらせれば誰にも負けない自信はあった。また、いたずらにかけては人後におちなかった。そんな私であったけれども、親父は勉強しろとは一言もいわなかった。いささか手前ミソになるが、私は子供のいたずらも、個性の芽をのばす絶好の場だと思っている。

若い人に教えられる

マスキー法（アメリカの大気汚染防止法）が出た。われわれは苦労してエンジンをつくりあげた。ＴＴレースに出たときに燃焼のテクニックを、われわれは身につけた。マスキー法は燃焼の問題だから、これは自分たちのいちばん得意とするところだって、ぼくは一席ブッてね。やろうじゃないかっていったんだ。それでね、ぼくは技術屋として、いつも社会的な見方で発言をしているんだけれど、いつの間にか、長い経営者生活から、企業サイドに立ってものをいってた。若い連中は公害に関しては、社会責任において解決しようと考える。そのズレを突かれたときは、私はうれしかったね。若い人に教えられるね。

真実をつかむ〝錬金術〟

鍛冶屋のオヤジが、実践の中で私の心に残してくれたたたくましい鉄の造形のプロセスと、メカニカルな美しさと質のよさ……。わたしは、知らず識らずのうちに、静的（スタティック）な鉄そのものから、金属の構造体によるダイナミックな世界を追い求めるようになった。難しい理屈よりも、わたしは何よりも実践し動かすことが先行した。すると、きわめてシンプルな理論がわたし自身の中に開かれた。それは、わたしなりの真実をつかむひとつの〝錬金術〟だったのかもしれない。ドイツやイタリアの生き生きとした素晴らしいメカの技術に、私はきわめて素直に魅せられ、それらを我が手で実現することに向って、まい進したのだ。

人生の着陸を立派に

飛行機っていうものは、太平洋を無事に飛んできても、羽田の着陸でひっくりかえりゃそれでおしまいなんだ。オレはもと飛行機屋だろ。人生の着陸だけは立派にやりたいと思っているよ。

社長を後のものに譲ってからだって、オレ自身、まだ一万メートル上空を飛んでいると思っている。けれどね、やっぱり同時に着陸のことも考えないわけないだろう。飛行機乗りの鉄則は終わりよければすべてよしだ。

オレは今まで、自分のためにムキになって働いてきた。もうこれからは、カネも名誉もいらん。他人に喜ばれることをしたい。それだけだな。

秘密を守る

人生の幸福を支える大きな要素の一つに、人間関係があると思う。これがなかったら、実に人生は無味乾燥なものだと思う。私は人間関係の最も基本的で、最も洗練されたものが友情だと思う。いうまでもなく、人間関係を支えるものは相互の愛であり、信頼であり、尊敬である。

私はこれをひっくるめて一言でいえば、秘密を守ることだと思う。なぜかといえば、私はそれが社会のルールや人間のモラルに反する内容の秘密は別だが、そうでない限り秘密を守るという行為の中に、その人の人格の要素となっているさまざまな精神的なものがにじみ出ていると思うからである。お互いに秘密を持ち、守りあう量で、人間関係の質が判断できると思う。

別荘を持たない

私は、桂離宮の庭はあまり好きではない。いかにもコセコセと広がりがなく、発展性がないように感じるからだ。それに比べて、修学院《すがく》の庭は山を借景に取り入れているだけに、雄大さがある。私はいつもそこに心魅かれる。

同じ意味で、私は別荘を持っていない。一年を通じて、何日も使わない別荘におカネをかけるより、自分や家族の常時いる家を、四季を通じて快適に過せるようにするほうが、私には合理的に思えるからだ。私はホテルを「自由に動かせる別荘」だと思っている。固定化した別荘にカネを使うよりも、あちらこちらと出かけた上で、たくさんの風景に接し、事物を知ることができる。視野を広げることができるというものだ。

眼力を持つ

何でもかんでも権限委譲すればいいというものではないんですね。愚劣ですよ、それだったら、誰も苦労したりはしない。人を見て法を説けというように、やはり人、時、ところを判断して権限委譲をしていかなければならない。そのためにこそ、皆骨を折り、苦しんできたんです。

そのためには経営者、人の上に立つものは人を見る目、見抜く力を持たねばならない。ここが大事なところですね。そしてその場合、その人の学歴、経歴などの過去の既成観念にとらわれ、能力を想定してしまわないように、私は極力努力した。あくまで現時点、将来にわたってその人がどういう能力を発揮しうるか、という観点のみから人を見るように心掛けてきました。

思想が行動の正否を決める

行動にはつねに動機があり、目的がある。動機が正義であり、目的が善であって、その行動だけが悪だということは、人間にはありえない。行動を生む動機とか目的は、その人間の思想が組み立てるものだ。思想が正しくなければ、正しい行動は生まれない。

何をするかより、何を考えているかが重要なのである。

行動という刃物が、利器となるか、凶器となるかは、その行動を支える思想あるいは理論が正しいか、正しくないかによって決るのだと思う。

スピードが勝負だ

スピードというのは、すべての人間が欲します。すべての問題をスピードが解決するんじゃないですか。人間は生まれ出るとすぐスピードなんですね。親だって、早く大きくなれ、早く偉くなれという。早いということは、人間社会のひとつのモラルであり、人間の望んでいることじゃないですかね。戦争だってほとんどスピードですわね。

われわれの仕事だってスピードですよ。発明考案にしても、人より一分でも一秒でも早ければ、特許になる。すべてスピードじゃないですか。だから、スピードを否定したら、発明創意工夫もないし、そこにウイットもないはずです。スピードを否定する人間は敗北者だと思います。

<著者略歴>

本田宗一郎（ほんだ　そういちろう）

1906年（明治39年）、静岡県に生まれる。小学校卒業後、アート商会（東京・自動車修理工場）に入社。1928年、のれん分けして浜松アート商会を設立。自動車修理工として成功するが飽きたらず、東海精機重工業㈱を設立しピストン・リングの製造を行う。1946年、本田技術研究所、1948年、本田技研工業㈱を設立。オートバイ「ドリーム」「スーパーカブ」などを次々に開発。1959年、英国マン島ＴＴレースに初参加。1961年、マン島ＴＴレースで１～５位を独占して完全優勝する。1962年、四輪車に進出。1964年、Ｆ１ＧＰに挑戦。1965年、Ｆ１メキシコＧＰで初優勝。1972年、低公害のＣＶＣＣエンジン発表。アメリカの排ガス規制法であるマスキー法規制に世界ではじめて合格する。1973年、社長を退任、取締役最高顧問。1989年、日本人として初めてアメリカの自動車殿堂（ＡＨＦ）入り。1991年、84歳で逝去。

やりたいことをやれ

2005年９月21日　第１版第１刷発行
2025年７月10日　第１版第43刷発行

著　者　本田宗一郎
発行者　永田貴之
発行所　株式会社ＰＨＰ研究所
東京本部　〒135-8137 江東区豊洲 5-6-52
ビジネス・教養出版部　☎03-3520-9615（編集）
普及部　☎03-3520-9630（販売）
京都本部　〒601-8411 京都市南区西九条北ノ内町 11
PHP INTERFACE　https://www.php.co.jp/
装　丁　石間　淳
印刷所
製本所　ＴＯＰＰＡＮクロレ株式会社

ISBN978-4-569-64188-1